不烦躁、不吼骂，
平和搞定孩子的

坏习惯

童利菁 / 著

山东画报出版社

图书在版编目（CIP）数据

不烦躁、不吼骂，平和搞定孩子的坏习惯 / 童利菁著. — 济南：山东画报出版社，2016.10
 ISBN 978-7-5474-1938-0

Ⅰ.①不… Ⅱ.①童… Ⅲ.①习惯性—能力培养—儿童教育—家庭教育 Ⅳ.①G78 ②B842.6

中国版本图书馆CIP数据核字（2016）第122806号

原著作名：《不烦躁、不吼骂，平和搞定孩子的坏习惯：
　　　　　别让不起眼的坏习惯伤害孩子一辈子！》
原出版社：风向球文化事业有限公司
作　　者：童利菁

中文简体字版©2015年，由山东画报出版社有限公司出版。
本书由风向球文化正式授权，同意经由凯琳国际文化代理，由山东画报出版社有限公司出版中文简体字版本。非经书面同意，不得以任何形式任意重制、转载。

山东省版权局著作权合同登记章　字：15-2016-49号

责任编辑　郭珊珊
装帧设计　宋晓明
主管部门　山东出版传媒股份有限公司
出版发行　山东画报出版社
　　社　　址　济南市经九路胜利大街39号　邮编 250001
　　电　　话　总编室（0531）82098470
　　　　　　　市场部（0531）82098479　82098476（传真）
　　网　　址　http://www.hbcbs.com.cn
　　电子信箱　hbcb@sdpress.com.cn
印　　刷　山东新华印务有限责任公司
规　　格　148毫米×210毫米
　　　　　5.875印张　120千字
版　　次　2016年10月第1版
印　　次　2016年10月第1次印刷
印　　数　1-4000
定　　价　32.00元

如有印装质量问题，请与出版社资料室联系调换。
建议图书分类：家教方法／亲子关系

目 录

自序 不懂纠正技巧,也能改掉孩子的坏习惯 / 1

第一章 如何让孩子乖乖吃饭?
——不要理会他的餐桌怪招 / 1

01 对孩子的混乱自我喂食秀,多点幽默和包容 / 3

  自我进食是经验学习,不是速度与整洁的训练 / 3

  准备专用餐具让孩子练习,也方便父母喂食 / 4

  提供较黏稠的食物,并分两段进食 / 5

02 孩子喜欢玩弄食物,要平静且坚定地回应 / 6

  即使孩子的行为让你很想笑,你也绝对要忍住 / 7

  一次只给一口的分量,或变换食物内容 / 7

  转移注意力或让他唱独角戏 / 8

  拿走他的食物,他会立刻明白你不是在开玩笑 / 9

03 吃多吃少没有关系,只要吃饱了就让孩子离开餐桌 / 10

  在孩子的心中,探索世界比吃饭更重要 / 10

  让孩子和大人一样,挨着餐桌用餐 / 11

满足孩子自我喂食的欲望,有助于他专注地吃饭 / 11

不论孩子吃多少,只要吃饱了就让他离开餐桌 / 12

04 用娱乐诱惑孩子吃饭,他会餐餐要求看表演 / 13

扮小丑诱孩子吃饭,会养成他"无秀不餐"的习惯 / 13

将食物变得有趣味,让孩子有"食趣" / 14

切碎食物方便吞咽,或增加风味以刺激他的味蕾 / 15

一起为食物取名字,孩子会更乐意把它们吃掉 / 16

耐心等待孩子做好心理准备,并尊重他的特殊喜好 / 16

05 只要不影响发育与发展,就不必太在意孩子食欲差 / 18

即使孩子食欲正常,也可能会突然起变化 / 18

饭前别让孩子喝太多饮料,以免影响食欲与食量 / 20

给他时间慢慢吃,并允许他挑食 / 20

06 不强迫定时定量,孩子才能学会表达饥饿感或饱足感 / 22

只要有充足的食物,没有孩子会让自己饿着或吃太饱 / 22

忽视孩子的挑剔行为,提供新食物让他选择 / 23

为食物做造型,可诱发孩子的食欲 / 24

饿的时候就喂,但要限定孩子选择食物的范围 / 24

第二章 如何让孩子爱干净?
——把梳洗变得有趣,并让他有主控权 / 27

01 剪指甲时会失控尖叫,可等他情绪放松时再剪 / 29

宁愿吃讨厌的食物,也不愿静静坐着剪指甲 / 29

把剪指甲变成一项全家人参与的有趣游戏 / 30

利用孩子洗澡或熟睡时帮他剪指甲 / 31

02 减轻孩子洗头痛苦的方法，就是缩短洗头时间 / 32
孩子对洗头这件事有着强烈的不安全感 / 32

事先备好所有洗头用品，便能迅速完成工作 / 33

正确的洗头技巧，可减轻孩子的不安全感 / 33

分散注意力或让孩子学游泳，使他不再抗拒洗头 / 34

03 把洗手变成有趣的游戏，孩子会喜欢且主动去做 / 35
孩子心中最重要的事是吃、喝、玩、乐、睡，不是洗手 / 35

把洗手变成一件有趣的游戏，孩子就会主动去做 / 36

为孩子示范正确的洗手方法，并让他拥有主控权 / 37

04 突然拒绝洗澡，其实都是叛逆期惹的祸 / 38
为了争取自主权，孩子会推翻父母所有的教导 / 38

让孩子可以在澡盆中自由活动，使洗澡变得有趣 / 39

放弃澡盆，陪着孩子一起淋浴 / 40

第三章 如何让孩子说话不结巴？
——仔细观察、耐心引导 / 41

01 孩子说话结巴，不论花多少时间都要耐心听他说完 / 43
因讲话速度追不上思考或词汇量太少，所以讲不清楚 / 43

不要催促孩子，也不要在孩子面前讨论这个问题 / 44

利用机会传授给孩子表达技巧，也同时学习认识词汇 / 44

听不懂孩子的话时，就观察他的肢体动作与表情 / 45

尽量让孩子自己与人沟通，无法沟通时再帮他翻译 / 45

02 孩子说话叽里咕噜，其实是正在努力练习表达 / 47

孩子说话没人听得懂，这并不表示他不会说话 / 47

用心猜测，其实能猜对孩子表达的大部分意思 / 48

出生排行与性别，都会影响孩子的语言发展 / 49

帮孩子培养语言技巧，并为他创造丰富的语言环境 / 49

每个孩子发展速度不同，父母无须过度紧张或内疚 / 50

03 孩子表达能力倒退，是因他忙着学习各种技巧 / 52

孩子会因专注于所热衷的事物，而忽略表达技巧 / 52

孩子自言自语是在思考，不必大惊小怪 / 53

要给孩子安全感，不要过度要求他表达 / 54

仔细聆听就会发现，孩子很努力地练习与修正语言 / 54

04 孩子学习语言缓慢，是体能活动占据他的心思 / 55

每个孩子都有自己的学习说话时间表 / 55

一旦学会技巧，表达能力差的孩子便能讲得既快又清楚 / 56

要孩子正常学习语言，就要避免和他讲"童言童语" / 57

除去压力，让孩子享受学习的乐趣 / 58

05 孩子出现"对话挫折"时，要一点一点帮他进步 / 59

帮孩子练习对话时，要注意孩子把词汇扩张解释的问题 / 59

帮助孩子熟练语言时，要注意其心理需求与压力 / 60

与孩子练习对话时，最重要的是耐心聆听 / 61

孩子语意不清时，要帮他表达，别打断他 / 61

06 别要求孩子字正腔圆，他的舌与唇还无法灵活发音 / 62

孩子发音不准是正常现象，不要挑剔或嘲笑他 / 62

观察孩子说话时的反应，寻找阻碍其准确发音的原因 / 63

请医生检查孩子是否存在舌系带过紧或其他问题 / 64

第四章 如何戒除孩子恼人的固执癖好？
——给他足够的安全感和自尊 / 65

01 孩子爱吸吮拇指，是因进入不同生命阶段而感到不安 / 67

感情陷入冲突与矛盾时，吸吮拇指可让孩子得到慰藉 / 68

若不会造成伤害，就不必强迫孩子放弃吸吮拇指 / 68

强迫手段不可能让孩子放弃吸吮习惯 / 69

02 不让父母讲电话，因为害怕失去父母的关注 / 71

让孩子感受到关怀，他就不会干扰父母讲电话 / 71

别激起孩子的防卫心和不安全感 / 72

让孩子加入对话，或改用无线电话 / 72

给孩子一部个人专属电话 / 73

03 什么东西都往嘴里送，是孩子探索世界的行为 / 74

孩子用嘴巴探索世界时，别急着制止他 / 74

不必急于改掉这个毛病，但要确定所咬东西的安全性 / 75

对于危险物品坚决说"不" / 76

04 孩子经常尿床或尿湿裤子，不要羞辱或嘲笑他 / 77

处罚或威胁孩子，只会使问题变得更严重 / 77

90%的幼童会在六岁前自己停止尿床行为 / 78

不动怒，不惩罚、不羞辱孩子 / 79

减轻孩子的压力并保护其自尊 / 79

要求孩子睡前少喝水、上床前要上厕所 / 80

05 仪式化行为，是孩子掌控自己生活的一种方式 / 81
　　固定行为让孩子有安全感，可预测并掌控自己的生活 / 81
　　配合孩子的坚持，他反而能够顺从父母的要求 / 82
　　让孩子体验其他小孩的生活，可软化他的坚持态度 / 83

06 拒绝任何改变，是为了控制熟悉且安全的环境 / 84
　　生活纪律是幼童安心生活的基础 / 84
　　暂缓改变并耐心地支持孩子 / 85
　　帮孩子预做心理准备，以强化他的适应力 / 85

07 喜欢重复听同样的故事，因为听再多次都不满足 / 87
　　不论孩子想听多少遍，都配合他，让他听个够 / 87
　　用不同的声音讲故事，或和孩子一起分角色扮演 / 89
　　先讲新故事再讲重复多次的故事，但别强迫孩子接受 / 89

08 孩子吵着"现在就要"时，要教他"等一下"的道理 / 90
　　幼童没有时间概念，一分钟有如一世纪般漫长 / 90
　　要求孩子"等一下"时，必须确定这件事是值得等待的 / 91
　　分散孩子的注意力，帮他快点度过等待的时间 / 92

第五章　如何戒除孩子的依赖习惯？
——让他明白你不会消失，但也不会对他过度保护 / 93

01 孩子依赖心强，可让他多接触不同的人 / 95
　　不过度保护，才不会强化孩子的依赖感 / 95
　　父母窃喜孩子对自己的依赖，只会使孩子变得更依赖 / 96

通过游戏,让孩子明白父母不会消失不见 / 97

即使要急着离开孩子,也要表现得从容不迫 / 97

02 孩子太黏妈妈时,要制造机会让爸爸照顾他 / 99

爸爸持续努力地付出,可降低孩子对妈妈的偏爱 / 99

不窃喜、不鼓励也不迎合孩子的黏人行为 / 100

让爸爸有机会全权照顾孩子 / 101

03 孩子在团体游戏时也黏着妈妈,就别急着将他推入团体里 / 102

千万别对孩子说:"你看,小明都不会黏着他妈妈!" / 102

在孩子还没调整好心态前,别急着把他推入团体中 / 103

孩子加入团体游戏时,要随时给他支持与鼓励 / 104

04 孩子爱要求"陪我玩",可教他一个人玩的游戏 / 105

培养孩子自我娱乐的能力与经验 / 105

只要教个小技巧并起个头,孩子便可以自己玩游戏 / 106

纯粹陪伴但不陪玩 / 107

帮孩子找个玩伴,或让他加入游戏团体 / 107

05 敏感又脆弱的孩子,不要笑他是"爱哭鬼" / 108

视孩子的性情来管教,就能收到最佳效果 / 108

爱他,也要制订明确的规则约束他 / 109

不要直接批评孩子的个性,那会让他感到被贬低 / 109

别为敏感的孩子贴上"爱哭鬼"的标签 / 110

一个表情或一个眼神,都足以让敏感的孩子学到教训 / 110

06 个性胆小的孩子,要多鼓励但少保护 / 112

尊重孩子内心的恐惧 / 112

耐心支持、鼓励，但不强迫 / 113

孩子鼓起勇气冒险时，父母要警戒但不过度保护 / 114

07 动不动就掉眼泪，有时是孩子想得到更多关爱 / 115

孩子爱掉眼泪，有时是父母过度反应与保护所致 / 115

敏感的孩子容易把挫折放大，但不表示他不快乐 / 116

以同理心对待敏感的孩子，多赞美，少批评 / 117

千万不要启动孩子的哭泣神经 / 117

父母的负面情绪会强化敏感孩子的沮丧情绪 / 118

08 "害怕陌生人"是正常现象，别强迫孩子接受陌生人 / 119

"害怕陌生人"的问题无法可解，只能等其自然消失 / 119

不要强迫孩子接受陌生人的拥抱，要给他时间调适 / 120

让孩子接触不熟悉的人，助他较快融入陌生世界 / 121

第六章 如何安抚情绪爆炸小暴龙？
——与其讲道理不如改变他的情绪 / 123

01 孩子闹情绪时，父母不要跟着起劲 / 125

孩子情绪反复是为了争取独立，即使做错也义无反顾 / 125

应付孩子动不动就闹情绪的有效方法：吃东西或休息 / 126

别中了孩子的诡计，也不让他无理的行为变成常态 / 127

以幽默的方式回应，并让孩子体验闹情绪的后果 / 127

02 只会对父母发脾气，是因孩子感受到充足的安全感 / 129

知道父母绝不会离开自己，才敢对他们宣泄情绪 / 129

父母如果也情绪失控，孩子就更难冷静下来 / 130

被孩子闹到快崩溃时，就先离开现场整理情绪　／ 131
　　你的语调越平静温和，越能控制孩子的情绪　／ 131
　　不作任何回应，就是熄灭孩子怒火的最好方法　／ 132

03 孩子以自我伤害发泄愤怒，父母要冷静应对　／ 133
　　孩子做出恼人的行为时，不要冲动得想以牙还牙　／ 133
　　对孩子的自我伤害手段让步，会让他得寸进尺　／ 134
　　让孩子知道生气是正常的，但绝不可破坏规则　／ 135
　　引导孩子用较好的方式发泄情绪，并给予足够的机会发泄　／ 136

04 打人，是因为不知如何处理挫败的情绪　／ 137
　　打人并非预谋或恶意，只是还不具备同理心　／ 137
　　约束孩子打人，必须视孩子的个性与当下的气氛而定　／ 138
　　不要对孩子打人反应强烈，以免他变本加厉　／ 139
　　孩子打人要立即处罚，他才能联结两件事的因果关系　／ 139

05 孩子对任何事情都说"不"，其实并非叛逆　／ 141
　　因为摇头比点头简单，所以孩童喜欢说"不"　／ 141
　　说"不"，是在试探父母的权威　／ 142
　　不做孩子的负面榜样，并鼓励其正向行为　／ 143
　　给孩子选择权，但没有选择时就别给　／ 143

06 孩子讨厌听父母说"不"，所以要慎选说的时机　／ 145
　　关键或必要时刻对孩子说"不"，才能见效　／ 145
　　让孩子明确知道规则，且不去预测他会犯错　／ 146
　　坚定地说"不"，并立刻制止　／ 147
　　肯定并赞美孩子的配合　／ 147

9

不烦躁、不吼骂，平和搞定孩子的坏习惯

第七章　如何回应孩子烦人的"为什么"？
——即使只是他的口头禅，也不可忽略　/ 149

01 不停地问"这是什么"，是孩子获得关注的手段　/ 151

好奇心的驱使与为了博取父母的关注　/ 151

为了快速掌握日常生活常识而问个不停　/ 152

02 催咒似的问"为什么"，可使孩子得到成就感　/ 154

好奇生活中全新的人、事、物，所以爱问"为什么"　/ 154

习惯无意义地问"为什么"，只为得到更多关注　/ 155

漠视孩子的"为什么"，会压抑其好奇心与学习兴趣　/ 155

第八章　如何引导孩子的性疑问？
——帮他上一堂生理课，而不是性教育课　/ 157

01 孩子焦虑自己的小鸡鸡会消失，父母应诚实解释　/ 159

拥有健康的性态度，才能教授孩子正确的性知识　/ 159

诚实地帮孩子上一堂生理课　/ 160

孩子未主动提出性问题，就别急着和他讨论　/ 161

02 孩子爱探索私处是暂时行为，无须过度焦虑　/ 162

孩子探索私处是正常行为，五岁后便会自然停止　/ 162

小女孩喜欢探索自己的私处，父母该如何应对　/ 163

针对小男孩的性疑问，父母要据实回答　/ 164

在公共场合时，提醒孩子不可伸手探索私处　/ 165

孩子过度沉溺于阴部碰触时，要找出原因　/ 165

03 倘若孩子追问"我是怎么来的",父母不要敷衍回应 / 166

不论孩子多么年幼,都要让他明白"繁殖"这件事 / 166

给孩子上一堂生理构造的正名课 / 167

不逃避、不敷衍,直接且诚实地回答 / 168

只解释生物学的部分,无须多给不必要的答案 / 169

04 孩子撞见父母在做爱,父母不要情急地对他吼叫 / 170

不论孩子的年纪多小,都不适合看到父母做爱 / 170

向孩子解释"做爱"时,不要超出其理解范围 / 171

要安抚受惊吓的孩子,不要因一时情急而对他吼叫 / 172

冷静地告诉孩子,你们需要隐私 / 172

自 序

不懂纠正技巧,也能改掉孩子的坏习惯

  每个孩子多少都会有坏习惯,这些坏习惯会在生活中不停地重复出现。也许,孩子的坏习惯相当微不足道,但是当它一再出现时,就容易造成身边人的不耐烦与困扰,然后影响到其人际关系。

  二至三岁是孩子人生的第一个叛逆期,是所有坏习惯养成最快,也是最容易戒除的阶段。身为家长,你该如何面对孩子的缺点、坏习惯,又该采取什么样的措施来使孩子改掉坏毛病,从而健康成长呢?

  每个孩子的性格都不同,因此在各种行为的表现上自然也会不同。而许多教养问题的产生,是因为父母总用同一套教养方式去纠正孩子的行为,当然,部分的父母对于最后的结果会感到失望。

  一个二至六岁的孩童,"看到喜欢的东西就拿走"是种自然反应的行为,因为他们还无法理解"为什么不能拿",但大人却毫不迟疑地认定那就是"偷窃""顺手牵羊"。

  多数父母在发现孩子这种行为时,因担心他养成偷窃的坏习惯,

便对他进行严厉的处罚，让他因为"害怕"而不敢再犯；或者，一些过度宠爱孩子的父母，会因为不忍心指责孩子，若不是悄悄地把东西放回原处，就是干脆买下来给孩子。

其实，这些家长都没有利用这样的机会，为孩子建立正确的"为什么不可以随便拿别人的东西"的观念，只是用严厉处罚、体罚或过度溺爱的方式来处理这个问题。仅仅这样是不够的，家长除了要适度地坚持纪律外，还必须循序渐进地帮助孩子学习，引导他明白：什么是别人的东西？想要拿别人的东西时应该要做些什么？

引导往往比严厉的、没有理由的管束更容易被孩子接受，并达到教养的效果。本书以生活中的实例作为导引，帮助父母更清楚地解读孩子坏习惯背后的原因，并为苦恼的家长提供有效的解决方法，相信会让家长有豁然开朗的感觉。

第一章

如何让孩子乖乖吃饭？

——不要理会他的餐桌怪招

对孩子的混乱自我喂食秀，多点幽默和包容

> 我女儿总是坚持要自己吃饭，每次我喂她吃饭时，她就和我抢汤匙，抢不到汤匙，她就紧闭双唇，摇头拒绝吃饭。
>
> 我知道应该让女儿自己吃饭，这样她才能学习如何自我喂食。但是，要等她吃完一餐饭，简直就是一场天长地久的等待，而且每次看到她吃得满桌满地脏乱不堪时，我总是会忍不住抢过她手中的汤匙，喂她吃饭。

自我进食是经验学习，不是速度与整洁的训练

看着年幼的孩子自己进食，对父母来说，的确是一件痛苦又折磨人的事，但是，若不经过这个阶段的摸索和训练，孩子是无法学会如何自己进食的。

对孩子而言，这是成长过程中非常重要的一个阶段，它能够训练孩子开始学习独立自主、自我进食的技能，以及正确且健康的饮食习惯与礼仪。如果父母只是为了不想看到一团凌乱的惨状，也不想耗费时间等待孩子自己把饭吃完，而坚持要喂孩子，那就会阻挠孩子培养独立自主的精神。

当然，由父母来喂食的确可以让进食的节奏有效率且快速，更不必费力地清理脏乱的餐桌和地板。如果这就是你的想法的话，那么，显然你并没有真正懂得孩子自我喂食的真实意义。

让孩子自己吃东西最重要的目的，是让孩子通过经验学习，学会独立进食的技巧，而不是训练他进食的速度、效率及保持整洁等技能。因此，即使他们每一餐都搞得又脏又乱，父母还是应该以幽默和包容的态度看待孩子的自我进食。

终有一天，你的容忍会得到回报，你会看到孩子成为一个自我喂食高手，你终于可以因为不必再喂孩子吃饭，而得到更多的个人时间。在这一天来临之前，为了避免孩子在吃饭时把地弄脏，你可以进行以下的准备与预防措施。

准备专用餐具让孩子练习，也方便父母喂食

当孩子想要和父母抢汤匙时，就表示他想试着自己进食或把玩餐具。这时父母可以准备摔不破的餐具让孩子练习，保持他的双手忙碌，而父母也可以顺利喂食。

当孩子可以拿稳硅胶汤匙时，父母就可以试着开始让他自己进食。不过，你为孩子准备的摔不破的餐具，必须是专为幼童设计的餐具，才能做到真正安全。例如，附吸盘的碗和软头汤匙，当然也不能忘记准备几件长袖围兜或塑胶围兜，接着就可以放手让孩子自己吃饭。

另外，如果你想在孩子用完餐后轻松、快速地收拾干净地板，那就要记得在孩子座位下方的地板上铺一块大帆布，如此一来，等孩子用餐完毕后，你只需将帆布拿到浴室用莲蓬头冲洗一下即可，既方便清理又环保。

提供较黏稠的食物，并分两段进食

尽可能提供黏稠度较高的食物，例如马铃薯泥、稠稀饭等，避免孩子因动作不稳，把食物挖得四处飞溅。但要注意的是，你所提供的食物不能过度黏稠，以免噎到或哽住孩子的喉咙。

让孩子自己进食势必非常耗时，如果你真的感到不耐烦或是没有那么多时间等待，我建议你可采用两段式进食法——让孩子自己进食十至十五分钟，再由父母接手喂食。如此一来，不但让孩子有练习自己吃饭的机会，父母也可以节省时间。当孩子自己进食越来越顺利时，父母就可以慢慢放手让孩子完全自己进食。

02

孩子喜欢玩弄食物,要平静且坚定地回应

我女儿在学会使用汤匙后,每次一坐在餐桌旁,就开始表演她的汤匙特技,玩弄盘子里的食物,根本无法专心吃饭。她会用汤匙挖起碗里或盘里的食物,但不是送入嘴里,而是将它丢到地上,然后骄傲地抬头看着我,期望得到我的赞美。但是,看到满地的食物,我就感到头痛不已!

最近,她又发明了一招新玩法。每当我把食物喂进她嘴里时,她便立刻将它喷出来,常常喷得我一身都是食物。看到食物四处飞射和我狼狈的模样,她会兴奋地咯咯笑不停。我一再严肃地警告她:"不准喷食物!"但她却乐此不疲,依然玩着她的游戏。有时,我自己也会被她那些怪招逗得忍不住跟着笑出来。

即使孩子的行为让你很想笑，你也绝对要忍住

想要孩子停止把食物当玩具，不把用餐变成一场灾难，唯一的办法就是——禁止这个搞怪小食客吃任何食物或喝任何饮料——当然，这是不可能的事，任何父母都不可能这样做，这不过是父母无计可施时自我安慰的想法罢了。

你必须寻找其他方法来防止这个小食客继续作怪。不过，在找到办法之前，你一定要做的一件事情是——不管孩子的行为看起来有多么好笑，你也绝不要跟着孩子一起发笑。一旦父母被孩子的举动逗笑了，他就会更加积极地演出丢食物与喷食物的绝活。

大多数的孩子在八个月之后，会开始爱上吐口水的游戏，喜欢听到当嘴巴喷出口水时所发出的噗噗声。接着，他们发现可以把这个游戏延伸到食物上，并强烈地爱上"喷食物"这个游戏。

然后，父母被他们这种搞怪的行为逗笑了，不论父母是跟着发笑，或者强忍笑意严厉警告"不准这样"，都是间接地肯定并鼓励孩子的这种用餐坏习惯。

如何不让孩子这恼人的戏码一再重演？父母可以参考以下几种效果极佳的做法。

一次只给一口的分量，或变换食物内容

如果你的孩子也是个食物小玩家，那么绝不要一次就把一餐分

量的食物摆在他面前，这只会让他毫不犹豫地玩食物，造成浪费。最好的方式是：一次只给他一口的分量，等他吃完再给一口的分量。如果他还是把食物丢掉或喷出来，就表示他并不饿，或许就等他真的饿了，再让他进食。

变换食物内容也是一个防止孩子玩弄食物的方法。某些食物特别容易引发孩子的玩兴，尤其是豆类或切丁状的食物，更能让他大展"喷技"，可以利落地把食物喷到半空中，看着它们飞落到地上，然后又在地上滚来滚去，真是再有趣不过的游戏了。

所以，试着以其他食物取代这类容易引发玩兴的食物。例如，用小片香蕉、煮软的胡萝卜或地瓜、健康乳牙饼干、全麦馒头或面包等，取代他平常爱玩的那些食物。

一旦孩子的表演道具（容易引起玩兴的食物）不见了，他就无法再表演这些怪招。如果他抗议的话，就向他解释原因，并告诉他："只要不再玩弄食物，你就可以吃你喜欢的那种食物。"如果换上他喜欢的食物后，他又开始表演了起来，就立刻把那几种食物没收。

转移注意力或让他唱独角戏

如果父母至今都还未让孩子自己进食的话，那么现在不妨让他尝试一下，借着"自我进食"这项有趣的游戏分散他的注意力，进而忘了喷食物的把戏。当他握着汤匙，专注且努力地挖起餐盘中的食物时，自然就会把打翻餐盘，丢食物到地上喂宠物，把食物撒到空中，或把食物喷出来等举动，全部抛到九霄云外。

让孩子自我喂食虽然有可能是另一场灾难的开始，既耗时又凌乱，但是父母只要确定提供对幼童而言安全的食物，并排除任何可能造成哽塞的食物就行了，毕竟，孩子迟早还是得学会自己进食。

孩子喜欢玩弄食物，大多时候是为了引起大人的注意，大人越有反应，他们就会越卖力演出。但是，当观众对他们的表演反应冷漠或毫无反应时，渐渐地，他们就会对那些小怪招失去兴趣。

所以，父母的最好反应就是——让孩子一个人唱独角戏——让他在椅子上坐好，并把食物准备好，然后你在一旁一边做自己的事情一边陪伴他。当听到喷饭声或瞥见他丢饭的动作时，千万不要回头。如果转头正好看到他在玩弄食物，也千万别做任何反应，甚至对他视而不见、不当一回事就好了。

拿走他的食物，他会立刻明白你不是在开玩笑

你必须态度坚定且清楚地让孩子了解，玩弄、浪费食物是不被允许的行为。当看到他丢、喷食物时，你要严肃且坚定地要求他"不准丢""不准喷"，如果他把你的话当成耳边风，继续玩弄食物，就重复要求他"不准丢""不准喷"，并警告他："如果你再玩弄食物，我就把它们全部拿走。"如果他还是不听话，就立刻采取行动，把食物拿走，让他知道你并不是在和他开玩笑。即使他无法完全听懂你说的话，但从你的表情和态度上，也会立刻明白你的意思。

如果孩子表现得比较合作，饭菜吃得比较干净，父母也应该立刻称赞他，鼓励他的行为。

03

吃多吃少没有关系，只要吃饱了就让孩子离开餐桌

> 每次吃饭，我儿子总是不停地在椅子上扭来扭去，如坐针毡，再不然就是才吃几口饭，就觉得对我们有交代似的，要求我们把他抱下椅子，从来就没有过一顿饭是能够顺顺利利吃完的。我真的很担心他会热量不足或营养不良。

在孩子的心中，探索世界比吃饭更重要

对绝大多数年幼的孩子而言，除非他已经饿到受不了，否则"吃饭"这件事，绝对不是他所有活动中最重要的事。

在一至两岁的阶段，他们感受新奇事物的工具是他们的嘴巴，不论他们拿到什么东西，都会往嘴里塞，尝尝是什么味道；而当他们进入会走路的阶段后，他们探索事物的工具是双脚，他们四处走动，到处探索新世界。在他们的认知里，安安分分地坐下来吃饭，简直太浪费时间了。

当然，孩子还太小，无法理解不吃饭就没有体力到处走动，更没有体力从事他们喜欢的探险活动的道理。这一点是父母要对孩子多关注的地方。

让孩子和大人一样，挨着餐桌用餐

如果孩子坐的是高脚椅，就不要让他的椅子远离餐桌，而要让他挨在餐桌旁，并将椅子上的小桌板拿开，让他可以和大家一样靠着餐桌用餐；或者，也可以在大人坐的椅子上加个厚垫子，然后让孩子坐在上面并系好安全带；再不然，也可以让他在专用的儿童桌椅上用餐。或许在不受拘束的情况下，他会比较愿意安分地吃东西。

满足孩子自我喂食的欲望，有助于他专注地吃饭

对年幼的孩子而言，追求独立自主与挑战新技能的渴望，通常更胜于食物。因此，如果父母给他自我喂食的机会，反倒可以让他的专注力放在食物上。

不过，在孩子自己吃饭的时候，父母还是要在一旁陪伴他，和他轻松地聊聊天，顺便监督他进食的进度。切记，不要唠叨地说："怎么吃这么少？""怎么吃这么慢？""吃饭怎么老是动来动去？"

如果孩子吃饭时不喜欢有人陪伴，父母要在确定孩子的安全带

系好后才能离开，但是视线仍然不可离开孩子。否则，无论如何父母还是必须待在孩子身边，以防他跌下椅子或打翻食物。

不论孩子吃多少，只要吃饱了就让他离开餐桌

当孩子停止进食，并开始玩起食物或不安分地在椅子上扭来扭去时，不论他吃多或吃少，都可以让他离开餐桌，并告诉他："如果你已经吃饱了，那就去玩吧！"千万不要挑剔地对他说："你才吃几口饭而已，再吃几口才可以离开餐桌！"更不要到处追着他，不停地喊着："再吃一口！"父母这样的举动，等于在暗示孩子："我不一定要在餐桌上吃饱才能离开，反正爸妈会追着我，求我吃饭，所以，我可以边玩边吃！"这反而会让孩子更容易养成不好的饮食习惯。

即使孩子没有吃饱，如果他想离开餐桌，那就让他离开，等到他真的饿了的时候，再让他明白要吃饱才能离开餐桌的道理。

04

用娱乐诱惑孩子吃饭,他会餐餐要求看表演

> 我那个三岁多的儿子,自我意识越来越强烈,也越来越喜欢和我们唱反调,找我们的麻烦。例如,每次用餐时,我们若没有逗他开心,他就一口饭也不吃。
>
> 你能够想象吗?我和我先生喂儿子吃饭时,我们这对父母活像是马戏团里的两个小丑。我实在不知道该怎么改变儿子这种爱看"饮食秀"的习惯。

扮小丑诱孩子吃饭,会养成他"无秀不餐"的习惯

请立刻停止这种扮演餐桌老莱子的用餐方式。一旦孩子养成这样的习惯,非得看到父母的特技、杂耍、唱唱跳跳的表演才肯吃饭,自然餐餐都要求看表演,到时候只怕父母永远摆脱不了马戏团的小丑角色了。

其实，要让孩子张口吃饭，最有效的做法只有一个——给孩子提供食物——而不是引诱他吃饭。为了帮孩子养成正确的饮食习惯，父母应该让孩子的胃口来主导他进食的意愿，也就是说，让孩子因为肚子饿了才吃饭，而不是为了有娱乐而吃饭。

当孩子发现父母在餐桌上不再提供娱乐节目时，他也许会大发脾气、捶胸顿足或倒在地上耍赖，并且坚决拒绝吃饭以示抗议。这个时候，父母一定要坚持到底，千万不要受孩子不吃饭的威胁，或者因为一时心软，而为他表演最后一场秀。

父母一定要表现出冷静、不在乎的样子，让孩子知道"就算我不吃饭，爸妈也无所谓"。如此一来，就算再固执的孩子也无法长时间闹情绪，毕竟他最后还是会因为饥饿难忍而乖乖吃饭，又怎么会在乎有没有表演可看呢。

决定不再以娱乐的方式引诱孩子吃饭，但并不表示父母可以不用陪伴孩子用餐。即使父母自己已经结束用餐，仍然需要坐下来陪孩子吃饭，并和他聊聊天，教导他餐桌礼仪。

将食物变得有趣味，让孩子有"食趣"

父母也可以在食物上多做一些花样，增加食物的趣味性，以提高孩子的进食趣味。

在绝大多数孩子眼中，吃饭其实是一件很无趣的事情，因此，没有几个孩子会愿意放下正全身心投入的游戏或探索，乖乖地坐到沉闷又无聊的餐桌前，安分地把食物吃完。

但是，如果孩子发现摆在眼前的食物非常有趣时，他强烈的探索个性便会被引发，会好奇地想要试试看它是什么味道。所以，下次在为孩子准备餐点时，不妨花点心思添加一些趣味，也许就能轻松引起孩子的食欲。

切碎食物方便吞咽，或增加风味以刺激他的味蕾

年幼的孩子不论是咀嚼或吞咽能力都尚未发展成熟，要他咀嚼一根胡萝卜或富含纤维的蔬果，他一定会有噎到的危险，当然也会让他不肯吃它。因此，为了让孩子可以顺利进食，有必要把所有的食物切碎。孩子的年纪越小，食物就要切得越碎，甚至磨细。

除了把食物切碎外，另一个可以提升孩子食趣的武器是调味酱。调味酱具有开启人们食欲的功能。虽然有些小孩喜欢食物的原味，不过大部分孩子都喜欢酱料的味道，有些孩子甚至所有的东西都要蘸调味酱才肯吃。

大多数孩子都会特别偏好某一种调味酱，例如番茄酱、花生酱、苹果酱等，而且不论什么食物都想蘸这种酱。碰到这种状况时，父母不需要急着阻止他，那只会让他更不想吃饭。不如顺从他的喜好来帮食物调味，但要确定这些酱料的糖与盐的含量不会过高。

一起为食物取名字，孩子会更乐意把它们吃掉

把食物切成正好一口一个的分量，最适合年幼的孩子进食，而在切食物的同时，也可以一边为食物取一些有趣又可爱的名字。例如，把煮好的马铃薯切成一小片一小片的圆形，然后告诉孩子，这些是马铃薯做成的钱币，并要他数数看一共有多少个钱币。

好玩又有趣的名字，能够明显提高孩子的食欲。举例来说，一个荷包蛋也许会让孩子觉得无趣，但将它夹到两片吐司里，然后重新取名为"乌云遮太阳"，孩子的食欲可能就会立刻被勾起来。

孩子自己参与烹煮的菜，他会觉得特别好吃。所以，父母在准备饭菜时，如果能让孩子参与其中，就算只是递一根葱或拿一粒蒜头，都可能会让孩子感到很骄傲，甚至更想品尝自己参与制作的这道菜。

耐心等待孩子做好心理准备，并尊重他的特殊喜好

允许孩子有接受新食物的时间，不要强迫他立刻接受你提供的新食物。要有耐心地、渐渐地将新食物融入孩子的饮食中，就算他一开始不接受也没有关系。持续一段时日，当孩子每天看到同样的食物出现在餐盘里时，他就不会再觉得那是新食物，同时他也有足够的时间做好心理准备要接受这个食物了。

此外，也要尊重孩子对食物的特殊喜好。有些孩子天生排斥大

杂烩食物，就连只是稍微沾到其他食物的菜也不肯吃。他们喜欢见到食物分门别类地排在餐盘中，不可以互相沾染，或一次只肯吃一种食物。这时，父母可以顺着孩子们的意思，一道一道地喂食，或为孩子准备有分隔区的餐盘。

只要不影响发育与发展,就不必太在意孩子食欲差

> 四岁的女儿不挑食,完全接受我们为她准备的食物,对此,我和丈夫一直以来都感到很庆幸。但是不知为什么,突然间,她拒绝吃很多东西,包括她以前很喜欢吃的几种食物。年幼的孩子食欲突然明显下降,会不会是身体出了什么问题?

即使孩子食欲正常,也可能会突然起变化

食欲突然下降,这种情况对年幼的孩子来说,是十分正常的现象。研究显示,任何一个身体健康的孩子,都会主动吃下足够支撑其正常发育与发展所需的食物,所以父母根本无须杞人忧天,强迫孩子吃东西,因为这种强迫的举动,有时反而会引发孩子的慢性饮食问题。

即使是食欲正常的孩子，其食欲也可能随时会有些不同的变化。有些小孩可能在一天中的某一餐吃得特别多，其他餐就少吃一点；也有小孩整天从早吃到晚。但从长期来看，例如一个月的平均统计，孩子吃下的食物其实很平均。

不过，当发现孩子突然食欲不振时，父母还是有必要仔细检查孩子是否显露出生病的迹象，例如发烧、疲倦、虚弱或昏睡等症状。如果孩子没有生病的迹象，那么突然食欲不振的现象便与其身心发展的因素有关，这些因素包括：

- 发育与热量吸收变缓。通常，孩子在出生第一年里，其热量吸收与体重增加的速度最快，然后便会随着年纪增长而逐渐缓慢下来。当然，孩子不可能每年都像第一年的体重长得那么快，否则等到两岁时，孩子的体重大概就要追上一个小学生的体重了。

- 主权意识开始高涨。主权意识的萌芽与高涨，在孩子的幼年时期是很正常且普遍的现象。所以，我们经常会看到二至六岁的孩子，不论在吃饭、穿衣、洗澡、玩耍、上床睡觉或其他方面，都会坚持自己的意见，所以父母得及早做好心理准备，才知道要如何应付孩子突如其来的食欲不振。

- 进入人生第一个叛逆期。孩子在学会稳健地走路、跑步的同时，也是在向父母宣告：他的人生第一个叛逆期开始了。由于可以自由地到处走动，孩子的世界突然变大了，每天也忙着探索与吸收更广泛的新知识，注意力自然也就不在吃饭这件事上了！

- 想要控制父母、控制生活。随着孩子记忆力增长，他会开始观察大人做事情的节奏。以前他会乖乖地配合父母的指示吃东西，但是三四岁以后，他会总结出一套逻辑，并告诉自己："大人每天都会喂我很多次，所以我随时都有得吃，我根本就不必每次都乖乖听话地把东西吃完。"于是，他不再为了吃东西而停下玩得正投入的游戏。

饭前别让孩子喝太多饮料，以免影响食欲与食量

饭前或进食期间喝太多饮料，绝对会影响孩子的食量。虽然让孩子摄取足够的水分很重要，但绝不可过量，尤其是在饭前。最好的方法是，在用餐时先让孩子吃固体食物，等吃饱后再让他喝饮料，同时在餐与餐之间帮他补充足够的水分即可。

如果可以的话，建议你以二至三周为基准，记录孩子吃下的所有食物，但需排除没有营养价值的垃圾食品。相信你会很惊讶地发现，孩子其实吃得很丰富。孩子难免偶尔会出现食欲不佳的状况，但那通常都只是暂时性的，可能是生病或生活形态改变所导致。但是，如果孩子的体重一直没有增加，甚至不增反减时，就应该请医生帮忙找出原因。

给他时间慢慢吃，并允许他挑食

年幼的孩子因为咀嚼与吞咽功能都还不是很健全，因此吃东西都很慢，尤其是在他们学习自己进食的阶段。所以，父母要给孩子

充分的时间慢慢进食,甚至可以考虑把全家人的用餐时间延长,而不要催促孩子:"吃快点!""你吃饭怎么那么慢!"但如果孩子没有专心用餐,并且开始玩耍,就应立刻终止用餐。

父母应该为孩子准备丰富且营养的食物,鼓励孩子多尝试不同的食物,然后放心地让孩子挑选自己喜欢的食物,不要勉强他一定要把所有食物都吃完。

但如果孩子的挑食情形非常严重,必须对他清楚地约定规范。例如,对他说:"最少要从五种食物中选三种吃,不然它们就会全部被收走。"

06

不强迫定时定量，孩子才能学会表达饥饿感或饱足感

> 我那四岁的儿子食量很不正常，经常连续几餐都吃很多，但有时连续几餐都只吃一两口就不吃了，简直快把我逼疯了。
>
> 虽然医生一再向我保证孩子的发育和发展状况很正常，但我却还是忍不住担心，害怕长此以往孩子的健康和肠胃都会出问题。

只要有充足的食物，没有孩子会让自己饿着或吃太饱

对于习惯吃一定分量的食物才会有饱足感的成人而言，看到孩子有时暴饮暴食，有时只吃几口饭，甚至拒绝吃饭，除了担心孩子的肠胃无法承受如此折磨外，也担心他会营养不良。

其实，孩子这种不合常规的进食方式是常见的现象。虽然他的食量不平衡也不可预测，但却能够达到自我平衡。也许，他今天吃了一顿丰盛的早餐后，午餐、晚餐就一口都不吃；也许明天他只吃一点点早餐，然后午餐大吃一顿，晚餐又变得毫无食欲；也许他三餐都大吃大喝，但明天却什么都不想吃；也许，他今天吃进肚里的热量和一只小猫差不多，但明天却吃进可以媲美一个运动员吃下的热量。

如果父母每天记录孩子的食量，一段时间后就会发现，孩子的食量就像云霄飞车一样忽上忽下。因此，如果强迫孩子定时定量——在他不饿不想吃东西时，强迫他一定要吃；或觉得他吃太多时，停止继续提供食物——最后反而会破坏孩子表达饥饿感或饱足感的能力，导致孩子产生进食的问题。

研究发现，饮食习惯不曾遭到父母强迫而改变的健康儿童，如果给他机会，他不但不会让自己饿着，也不会吃得太饱。他只会吃下正常成长所需的食物量。可见，父母不需要把孩子的食量怪癖看得太严重，应让他真实表现饱与饥。若他真的不饿，甚至可以略过一餐，这样孩子较能以一种健康的饮食方式成长，而父母只需提供营养充足的食物，然后放手让孩子完成其他的工作。

忽视孩子的挑剔行为，提供新食物让他选择

处在人生第一个叛逆阶段的孩子，可想而知，在餐桌上必然会有许多叛逆的表现。此时父母最好的回应方式就是，对孩子的叛逆表现视而不见,绝对不要正面迎战,因为父母可能毫无胜算。相反,给孩子自由,放任他小小的反叛,慢慢地,就有可能降低孩子的叛逆需求。

当孩子排斥某种新食物时,试着给他一些选择权,例如,问孩子:"你想在优格上加香蕉、奇异果、葡萄,还是苹果呢?"就算提议都不被接受,父母也毫无损失;但如果孩子做了选择,那么他排斥新食物的态度也就改善很多了。

为食物做造型,可诱发孩子的食欲

不论是三明治、吐司、米饭还是肉块,都可以用刀子或其他器具,将它们设计成不规则的形状,例如,圆形、钻石形、长方形、动物模样、心形或星星状。或者,也可以在一片单调的薄饼上铺一些水果、乳酪或金枪鱼酱等,然后卷成夹心卷,整条或切成一小节一小节给孩子吃。此外,也可以让孩子参与食物制作的活动,这样他会更有兴趣把食物吃下肚。

饿的时候就喂,但要限定孩子选择食物的范围

一般而言,孩子在正餐时间不想吃东西的原因,就是他们当下不觉得饥饿。有些孩子一早起来便饥肠辘辘,而且会吃下很大分量的食物;有些孩子在早上醒来后,需要等上一段时间才会有食欲。

父母要尽量配合孩子的状况,若可能,等孩子表示想吃东西时

再喂他,但如果碰到不主动喊饿的孩子,父母就得观察孩子的反应,看到孩子因为饥饿而开始闹脾气时,就应赶快准备好食物。

当掌握住孩子的饥饿节奏时间表时,就把正餐时间定在孩子每次表示饿之前的几分钟。对绝大多数的幼童而言,规律的进餐时间,加上固定的饮食场所,对他们的进食最有效,因此没有必要为了等全家人都到齐而让孩子饿过头。

此外,在食物内容的提供上,父母可以让孩子决定每餐吃多少或吃多少零食,但不能让孩子自由选择食物,以防他选择诸如甜甜圈、薯条、汉堡、薯片等垃圾食物。父母必须提供给孩子有营养价值的食物,再让他从那些食物中挑选要吃什么。

第二章

如何让孩子爱干净?
——把梳洗变得有趣,并让他有主控权

第二章 如何让孩子爱干净？

01

剪指甲时会失控尖叫，可等他情绪放松时再剪

> 四岁女儿的指甲长得很快，加上她喜欢到处乱摸，又经常跑到后院玩泥沙，指甲看起来总是脏兮兮的，指甲缝间藏污纳垢。可是，从她快两岁时开始，每当我帮她剪指甲时，她就会失控地尖叫抗拒，一副好像我会把她的手指剪断的架势。

宁愿吃讨厌的食物，也不愿静静坐着剪指甲

这位母亲的话其实并非一家之言，因为几乎所有年幼的孩子都讨厌剪指甲。对幼童而言，剪指甲就等于剪他的肉，他们宁可吃下非常讨厌的红萝卜，也不要指甲被剪掉。

为什么幼童这样害怕剪指甲？其原因如下：

- 他们无法理解，指甲虽是身体的一部分，但它并不是肌肉组织，也没有神经，所以剪掉时并不会有疼痛的感觉。此外，他们也不知道指甲剪掉后还会再长出来，所以才会这么害怕指甲被剪掉。
- 剪指甲的过程他们必须静静地坐着，手和脚也不能随意动来动去，这对好动的幼童而言简直就是酷刑，当然会令他把剪指甲视为畏途，而不愿意乖乖配合。

无论孩子多么抗拒，指甲还是必须要剪。指甲太长不但容易抓伤自己与别人，也会藏污纳垢、滋生细菌。年幼的孩子喜欢用手抓东西吃、吸吮手指、咬指甲等，因此，很容易把指甲上的污垢送进嘴里，影响他们的健康。

把剪指甲变成一项全家人参与的有趣游戏

帮孩子剪指甲时，可以安排家人一起加入"剪掉坏细菌"的游戏行列。先由妈妈开始剪，然后是哥哥、姐姐、爸爸……轮流剪。当孩子看到大家一点都不害怕，没有露出很痛苦的神情，而且好像大家都玩得很高兴时，他便会主动要求加入剪指甲的行列。

当然，帮幼童剪指甲的工具也非常重要。切记，一定要使用安全剪刀或儿童专用剪刀。由于这类剪刀没有尖锐的刀尖，可避免幼童在剪指甲的过程中，因不耐烦久坐或身体不停扭动而被戳伤。

利用孩子洗澡或熟睡时帮他剪指甲

利用孩子洗澡时帮他剪指甲。适宜的水温可帮助孩子放松心情,同时也可以软化指甲,所以,可以利用洗澡或刚洗完澡的时间,帮孩子把指甲修剪干净。此外,父母也可以在浴缸里准备几样孩子喜欢的玩具,以分散孩子的注意力,让他不去注意你的修剪动作。

另一个很适合帮孩子修剪指甲的时间,是在孩子熟睡后。这应该也是大多数父母喜欢的方式,此时可以没有顾虑、快速且轻松地帮孩子修剪指甲。

02

减轻孩子洗头痛苦的方法，就是缩短洗头时间

> 帮女儿洗头是一件令人非常苦恼的事！每次只要举起水瓢淋湿她的头发，她就开始歇斯底里地又哭又叫，但是她每天都玩到头发飘出酸味，又不能不洗，真不知该如何是好！

孩子对洗头这件事有着强烈的不安全感

就像一个不会泳游的成年人一样，当他一进入泳池，慢慢走到水深超过腰部的地方时，不安全感便油然而生。若是强迫他往更深的地方走，当水深及下巴的时候，恐慌、无助的感觉涌上，只想立刻转头逃到安全的地方。如果他还不小心喝了口水，很有可能他这辈子就再也不愿踏入泳池一步了！

对年幼的孩子来说，洗头也同样会带给他们不安、恐怖、无助的感觉，因为当水从他的头顶冲下时，可能会流进他的眼、耳、鼻、口，令他感到极不舒服，甚至会有窒息感。

相信很多妈妈甚至会希望，如果孩子的头发可以自由取下来梳洗，然后再装回去，不知该有多好；或者，如果可以一个月只帮孩子洗一次头发该多好，如此一来，就不必每天都要经历一次洗头战争了。当然这都是不可能的愿望。小朋友精力旺盛，每天都玩到汗流浃背，即使是两天洗一次头发，它都容易藏污纳垢。

事先备好所有洗头用品，便能迅速完成工作

简便、迅速地缩短洗头时间，是减轻孩子痛苦的好方法。在准备帮孩子洗头前，先将洗头用品备妥，并做好事前的准备，例如，合适的温水、洗发水、毛巾等，才能以最快的速度完成洗头的任务。

另外，短头发也可以缩短洗头时间。很多父母喜欢让小女生留长发，自然地，帮她们洗头就会耗费比较多的时间。并且长发容易纠缠，不但洗头费时会让孩子不耐烦，而且拉扯的痛苦也会让孩子极不舒服。

正确的洗头技巧，可减轻孩子的不安全感

不要刺激到眼睛。不论多么温和、不刺激眼睛的洗发水，都会产生刺激感。因为不论任何东西跑进眼睛里，都会让眼睛非常不舒服，即使是干净的清水也不例外。因此，帮孩子洗头时，可以让他戴上孩童专用的洗发帽，或让孩子用毛巾捂住眼睛，都可以防止水进到眼睛里，减轻不舒服的感觉。

冲水力道控制得宜。冲洗头发时，快速且大量的水会让孩子感到害怕，会让他产生要被水淹没、溺水的恐怖感觉。因此，最好考虑使用莲蓬头冲水，并把水量调小，就可避免水不慎流入眼睛或耳朵。如果没有莲蓬头，那么每次用水瓢时，就必须缓慢且少量地冲水，这样才能减轻孩子洗头时的压力。

分散注意力或让孩子学游泳，使他不再抗拒洗头

利用玩具或游戏来分散孩子的注意力，让他暂时忽略洗头的可怕经验。例如，在帮他洗头的同时，让他也帮玩具娃娃洗头，并与你同步进行每一个动作；或者和孩子玩角色猜谜游戏，你扮演某个孩子最喜爱的电视人物，例如，"大鸟"或"小飞象"，然后告诉他，今天要来帮他洗头的是最厉害的"大鸟"，要来帮他倒洗发水的是"小飞象"，这可以让孩子不那么抗拒甚至喜欢上洗头。

从数据来看，不论孩子的年纪多小，让他早点学会游泳，他会明显不那么抗拒洗头这件事，因为他们对"头泡在水里"这件事，不会再有不安全感。

03

把洗手变成有趣的游戏,孩子会喜欢且主动去做

> 我那个四岁大的儿子非常讨厌洗手,问题是这个年纪的孩子活动量很大,整天跑来跑去、到处乱摸,双手很少有干净的时刻。令人头痛的是,他就是讨厌洗手,而且也不愿让我们帮他洗,如果我盯着他、强迫他洗,他也只是敷衍地沾一下水,那样根本不叫"洗手"。

孩子心中最重要的事是吃、喝、玩、乐、睡,不是洗手

对二至六岁的孩子来说,肮脏是很正常且自然的事。两岁以后的孩童正经历人生第一个叛逆期,他已脱离父母的怀抱而独立行动,他正努力探索他的世界,他浑身有着用不完的精力,所以不出几分钟的时间,他便能够把全身搞得脏兮兮的。

父母为了随时为孩子补充热量，或预防他身上、手上的细菌跑进体内，当然得经常要他洗手。尤其是在吃东西前，一定要彻底将双手洗干净，才不致被细菌感染。

当然，孩子无法理解肮脏、细菌、生病的关联性。他们不懂为什么吃东西前要洗手，游戏结束后要洗手；不懂父母为什么一天到晚要他洗手，而且还要帮他洗。他觉得有吃、有睡、有玩才是生活中最重要的事，而不是洗手。

把洗手变成一件有趣的游戏，孩子就会主动去做

利用造型香皂诱惑孩子。购买造型可爱的香皂，例如动物、花、甲虫、恐龙等图案的香皂，增加孩童洗手的乐趣。告诉孩子："你最喜欢的熊宝宝香皂很想念你，一直在等你去找它玩！"

如果你觉得香皂滑溜不好拿，同时容易沾染脏东西而成为细菌滋生的温床，不适合幼童使用，可以改用按压式的液态洗手液，因为一般幼童对按压瓶会感到好奇，会不断想要压它，这也能够提升孩子洗手的意愿。

让洗手变成有趣的比赛。在家里，和孩子举行"洗手比赛"来刺激他的洗手兴趣；在游乐场时，可以找其他小朋友一起比赛，看谁洗得又快又干净。

为孩子示范正确的洗手方法，并让他拥有主控权

由于幼童不懂得正确洗手，或者说没有能力把手洗干净，因此，五六岁的孩子通常还是会由父母帮忙洗手。

其实，有时候当孩子对某件事情有了主控权后，他自然就不会再抗拒去做那件事。所以，父母不妨试试看让孩子自己洗手，即便弄得水花四溅也没有关系，等孩子洗完手后再擦干净即可。

或者，如果你还是担心孩子洗不干净，那就陪他一起洗手，并为他示范正确的洗手步骤。等孩子洗完后，再检查他是否洗干净了，如果没洗干净，要孩子自己再洗一次，或帮他再洗一次。

04

突然拒绝洗澡,其实都是叛逆期惹的祸

> 我那三岁的女儿一向很喜欢洗澡,很享受在浴缸里玩水、玩玩具的时光。每次跟她说要洗澡时,她就会很高兴,还会跑到浴室门口等我。但最近她突然拒绝进入澡盆,这到底是怎么一回事?

为了争取自主权,孩子会推翻父母所有的教导

相信大部分的父母都会发现,孩子在两三岁时,突然开始拒绝这个、排斥那个。他会拒绝吃东西,拒绝洗澡,拒绝睡觉,拒绝穿外套,拒绝出门,拒绝回家。而令父母不解的是,这些反常的行为,事前全都没有迹象,也无脉络可循,感觉孩子就是为了拒绝而拒绝。

这种情况的确令人无法理解,唯一可以找到的解释就是,两三岁的孩子正处于人生第一个情绪风暴阶段——人生第一个叛逆期。他正积极且努力地争取自主权与独立，当然想推翻过去所有你教导他的模式，并按照自己的方式生活。

明白了这一点后，也就不难理解此时期的幼童为何如此令人头痛，不过，父母也无须过度担心孩子进入叛逆期会惹出什么麻烦，你只需想办法好好和孩子一起度过这场人生风暴，并耐心等候它结束即可。

要让这个小小叛逆者回到澡盆并不难，以下提供的方法都很值得参考。

让孩子可以在澡盆中自由活动，使洗澡变得有趣

拿掉安全座椅，让孩子行动不受限制。如果你还在使用安全座椅帮孩子洗澡，建议你把座椅拿掉，座椅会让孩子在洗澡时行动受到限制。安全座椅对婴儿期的孩子很管用，但对一心想寻求自主与独立的两三岁孩子而言，反而是一种酷刑，他当然不愿踏进澡盆。拿掉安全座椅，让孩子自由地在澡盆中活动、玩水，让洗澡变得有趣，孩子才会乐意配合，乖乖地让父母帮他洗澡。

加入游戏器材，让孩子洗澡不无聊。例如：无毒肥皂泡、肥皂蜡笔、塑胶玩具鱼群、玩具水壶、杯子，或任何可以带进浴室的游戏器材。让它们陪着孩子一起洗澡，让孩子待在澡盆时，注意到的不是讨厌的洗澡，而是玩具和乐趣。

此外，别再对孩子喊："洗澡时间到了。"而要换个语气说："你

再不赶快到澡盆里,你那些心爱的小鱼就要游走喽!"或者说:"我们今天准备了神奇的肥皂蜡笔,你想不想在身上画一只大猫熊?"

放弃澡盆,陪着孩子一起淋浴

如果你试过所有的方法,就是无法让孩子乖乖踏入澡盆,那么你也许可以考虑让孩子和你一起淋浴。这对一个不曾和任何人共浴的孩子而言,将是全新的体验,会令他觉得很好奇,而且与你更亲密。

放弃澡盆,让孩子和你一起淋浴。在调好水温后,帮孩子戴上浴帽,别让水柱直接打在他头上,并预防水流入孩子的眼睛里,让孩子觉得淋浴并不是一件可怕的事。又或者把水量转小,降低水柱的冲击力,然后先抱着孩子站在水柱下,并喊着:"下雨了,好大的雨!"增加洗澡的乐趣,直到孩子不那么紧张,才让他自己站在水柱下,这也会有助于他快速适应淋浴。

有时,孩子害怕进澡盆是过去的某个洗澡意外所导致,例如,他曾在澡盆里滑倒且撞到头、眼睛进水,或他在澡盆里撒尿时,你的反应让他困惑或震惊。如果能找出孩子抗拒洗澡的原因,试着向他解释他的挫折或困惑,让他明白你了解他的感受,将有助于抚平他的情绪伤口。

第三章

如何让孩子说话不结巴？
——仔细观察、耐心引导

第三章 如何让孩子说话不结巴？

孩子说话结巴，不论花多少时间都要耐心听他说完

我女儿已经快三岁了，各方面的发展都算正常，但就是表达能力明显落后于同龄孩子，讲话经常会结结巴巴、语意不清，似乎有口吃的问题。多数时候，她都无法把句子讲完，要东西时，只会以指、推、拉，或发出咿咿呀呀的声音来表达。

我听说这种情形极可能是情绪困扰引起的，这令我很担心。

因讲话速度追不上思考或词汇量太少，所以讲不清楚

面对说话结结巴巴的孩子，父母一定要以高度的耐心来应对。其实，年幼的孩子患有口吃的毛病，与情绪困扰并没有绝对关

43

系。通常是因为他们讲话的速度追不上思考的速度，再不然就是他们所掌握的词汇量太少，才令其无法顺畅表达心中的想法。

一般而言，三岁左右的孩子可以表达的词汇量平均约为五百个。在他们上幼儿园之前，能说出来的词汇量会增加近一倍。每个孩子的语言发展速度都不同，所以父母不必对孩子结巴的毛病过度紧张。

不要催促孩子，也不要在孩子面前讨论这个问题

随着孩子的思想组织精进与语言技巧进步，口吃的毛病会慢慢消失。在这个过程中，父母所能做的就是：耐心等待，千万别催促孩子，也别在孩子面前讨论这个问题。催促与讨论只会带给孩子压力，反而导致他的口吃更严重且持续更久。

下次，当孩子又结结巴巴讲不出话来时，要叫他慢慢说，再说一次，或先深呼吸再说，只要他能说出来就行了。同时，父母也要努力了解孩子到底要说些什么，如此可省得他再说一次，因为挫折感通常会令幼童的口吃问题变得更为严重。

利用机会传授给孩子表达技巧，也同时学习认识词汇

父母除了尽力理解、回应并鼓励正在努力学说话的孩子，更要利用机会帮孩子发展表达技巧。当孩子用力地将你往冰箱的方向推时，你可以帮他翻译，对他说："你是不是要到冰箱旁边？你想拿什么东西吗？是不是想吃蛋糕？还是想喝果汁？"通过此方式强化、刺激孩子的语言发展。

当孩子发出咿咿呀呀的声音，并拼命指着柜子上的小丑布偶时，你可以问他："你是不是想要和小丑玩？"然后再接着说："小丑在柜子上面。"除了教孩子表达外，同时也可以教他认识小丑、柜子等名词。

听不懂孩子的话时，就观察他的肢体动作与表情

虽然真的听不懂孩子在说些什么，但父母还是可以努力观察孩子的肢体动作、面部表情或观察到的其他线索，然后鼓励他："哇，真是太有趣了！""真的吗？你太棒了！"

当孩子走向门口，表情着急又渴望地望着外面时，你可以问他："你想出去玩吗？等一下我们就到公园玩，好不好？"当孩子揉着眼睛，露出一脸烦躁且无精打采的神情时，可以问他："你是不是很想睡觉？那么我们睡一会儿吧！"若孩子一边指着冰箱的冷冻室，一边叽里咕噜地不知在说些什么，就问他："是不是想吃冰激凌？"

总有几次你会猜对，就算每次都猜错，孩子也会很高兴我们在乎他，对他的动作做出反应。总之，父母的立即回应会让孩子有继续练习说话的动力。

尽量让孩子自己与人沟通，无法沟通时再帮他翻译

也许孩子说了一大堆话，父母只能勉强听懂几句，但相信父母绝对是全天下最了解孩子的人。因此，当其他人和孩子说话时，父母应该充当孩子的翻译，不过在帮孩子翻译之前，应先让孩子和对方努力了解彼此的意思。如果两人真的无法沟通，再帮他们翻译，并把对方所说的话转换成孩子能够了解的语言，同时尽可能帮孩子表达他心里想要表达的意思。

孩子说话叽里咕噜，其实是正在努力练习表达

> 我女儿已经两岁两个月大了。每次去公园或游乐场时，看到那些和我女儿同龄的孩子，都能简单地表达自己的需求和想法。反观我的女儿，我和我先生都很努力地教她，但是到现在为止，她所说的话我们没有一句能够理解。我们都很担心她会不会永远都无法学会正常说话，但医生却说她没有什么问题，这更让我们不知所措。

孩子说话没人听得懂，这并不表示他不会说话

也许孩子说的话你一句都听不懂，但这并不表示他不会说话。通常，就一个两岁左右的孩子而言，语言表达不一定要达到语意清楚的程度才算正常。

幼童在学习说话的过程中，通常会出现两种练习方式：

- 一是，听起来叽里咕噜的，有如在说天书一般。在旁人听来，这些胡言乱语不像生活中的母语，但对正在学习说话的孩子而言，它其实是有意义的。所以，当下次孩子又如此胡言乱语时，不妨仔细聆听，也许你会发现其中抑扬顿挫的语气。以孩子非常有限的语言能力而言，这样的表达方式已很令孩子感到满足了。
- 二是，单音节词和双音节词对他们所代表的意义。在孩子刚开始说话之初，单音节的词汇可能就代表他完整的思想，例如，当他说"奶"时，可能是指我要喝牛奶。而我们所能理解的第一个双音节词，也可能代表不同的意思或目的，例如"妈妈"，在不同的情境下，表示"我要妈妈""那是妈妈""妈妈抱抱"或"妈妈喂我吃东西"。

用心猜测，其实能猜对孩子表达的大部分意思

虽然父母也许得花很长的时间才能了解孩子在说什么，但若仔细聆听，便会惊喜地发现，即使是半猜半懂，父母也能听得懂孩子表达的大部分意思。一个幼童得经过好几年的练习，才能把话说得顺畅。由于孩子同时还要发展其他方面的技巧，例如走路、如厕等，所以无法将注意力全部放在练习语言上。但是，一旦他的生理做好准备后，语言表达的能力就水到渠成了。

正常发育的幼童，会在十至十四个月时，才说出他人生的第一个字；不过也有少数在八九个月大时，就能开口说出一两个字了；

有些比较特殊的孩子则到了十八个月大时,才挤出一个大人听得懂的字。

出生排行与性别,都会影响孩子的语言发展

影响幼童语言发展的原因很多,除了遗传之外,比较常见的影响因素还有出生排行与性别。通常,排行老大的孩子,由于是家中第一个孩子,父母对他投入的时间与精力比较多,因此会比较早学会说话;再者,也因为没有兄弟姊妹和他抢话说,所以他练习的机会自然比较多。

相对地,排行老二以后的小孩,通常学说话较慢,因为父母同时要照顾两个孩子,无法全心全意帮他练习说话。同时,他必须和哥哥姐姐抢话说,而且哥哥姐姐也会替他说出他想要表达的需求,所以他根本就不需要开口。

另外,性别也会影响语言学习的速度。通常,女孩比男孩早学会说话,这有可能是天性使然,但也可能是因为父母对女孩的培养比较注重语言,对男孩则比较注重体能技巧。不过,在游戏团体中,女孩通常比较晚学会说话,而男孩则较早将思想诉诸语言。

帮孩子培养语言技巧,并为他创造丰富的语言环境

在学会说话之前,先要学会听懂别人的话。大多数幼童在一岁左右,多多少少能听懂别人的话,这点从幼童的反应就可以看得出

来。例如，当你告诉他"要不要喝水""出去玩""不可以碰"时，他是可以理解的。因此，在幼童还未开始说话前，父母就要不断地和他说话，帮他建立语言技巧。

当幼童处于丰富的语言环境中时，自然有较多的机会学习并磨炼其语言技巧，促使其说话能力较早萌芽。若幼童成长的家庭中，同时说两种以上的语言，或主要照顾者对幼童说的是另一种语言，那么幼童的语言发展初期会显得较为迟缓，因为他会犹豫该以何种语言与对方交谈，不过长年累月，幼童通常会精通多种语言。

孩子在日间所待的场所及相处的人，对其语言发展具有很大的影响力。因此，父母不妨将幼童安排至日间托儿场所，由于在托儿所里，幼童的需求无法像在家里一对一的情形下被预知，促使他为了满足自己的需求，而必须努力学说话。再者，在托儿所里，可以和一些年纪较大、话讲得较好的小朋友互动，也有助于幼童练习说话。

每个孩子发展速度不同，父母无须过度紧张或内疚

影响幼童语言能力发展的原因很多，且因人而异。每个幼童在发展语言能力或其他能力时，都有其各自的学习与发展步调。虽然幼童能够清楚说出第一个字的年龄约在一岁后，但有些幼童早在会走路之前，就已能清楚说出句子，有些则到了两岁，说起话来还是毫无句式结构。虽然较早学会说话的幼童通常比较聪明，但落后的也不一定迟钝。有些在学龄前语言发展较慢的小孩，后来在语言表

达方面，不但赶上甚至超越其他早熟的同伴。

　　如果孩子到了两岁还不会说话，父母也无须过于紧张、担心，或者有罪恶感，只需确定孩子的生理发展没有问题，并且不断陪他说话，让他接受语言的刺激，其余的就顺其自然吧！

　　但如果孩子丝毫未有想尝试开口说话的迹象，或根本听不懂大人的话，那么就必须怀疑孩子可能有听力或其他方面的问题，这时就要寻求专业医疗机构的协助。

孩子表达能力倒退，是因他忙着学习各种技巧

> 我的儿子三岁五个月大，表达能力相当好，但是最近几个星期以来，不知为什么，他使用的词汇量少了很多，还经常整天不停地自言自语，表达能力明显倒退，这是正常现象吗？是所有幼童都是如此，还是我的孩子出了什么问题？

孩子会因专注于所热衷的事物，而忽略表达技巧

孩子的表达能力倒退，并不表示他忘了已经学会的词汇，真正的原因是，他正忙着学习其他方面的新技巧，所以无法专注在语言的表达上，这就是幼童的天性。

这个年龄的孩子，经常会来来回回地专注于各种不同的技巧与成就之间。可能这个星期他特别专注于语言、词汇的学习，但下个星期，他突然极度热衷于某些活动，下下星期，他开始对同伴社交产生很大的兴趣，然后不知什么时候开始，他又发现语言、词汇学习是一件很有趣的事。幼童常常因为太专注于当下所热衷的事物，不只会忽略表达技巧，也会忽略其他技巧。

孩子自言自语是在思考，不必大惊小怪

至于幼童自言自语的行为，其实有助于其思考。其实，每个人都会自言自语，但在长大成人后，大多数时候我们学会静静地做事，或在内心里自言自语。因此，发现孩子自言自语时，不必大惊小怪，那是他正在做"有声音的思考"。

他开始把思考转成具有组织结构的语言，而这件工作得在他大声思考（自言自语）时比较容易做到。此种情形就像刚学会阅读的小孩通过大声朗读的方式让自己更清楚故事的内容，因为幼童还分不清"静静地做事"与"自言自语地做事"之间的区别。

另一个驱使幼童自言自语的原因是，听到自己的声音会令其产生满足感，此种满足感会随着语言及技巧的精进而成长。对幼童而言，他并不会觉得自言自语是一种很奇怪的行为，而且他也不太在乎别人的想法。等到他的词汇量信息更完整时，慢慢地，他可能就会静静地思考。所以，就好好地享受你的孩子自言自语时的可爱模样吧！

要给孩子安全感，不要过度要求他表达

有时候，生活节奏、环境的改变，例如，换了新保姆，刚进入托儿所，换了新的托儿所，搬家，和祖父母出游等，都可能导致孩子短暂地降低说话能力。如果父母能够用心支持孩子，并给予其安全感，很快地就可以帮助孩子再次顺畅表达。

幼童语言表达能力退步的现象，有时只会出现在父母面前，这是因为父母过度要求孩子用言语表达意见所致。当父母过度着急，刻意要增加孩子的词汇能力时，孩子常会因为过大的压力反而表现得更糟糕。此时，父母必须适时地减轻孩子的压力，才能让孩子在轻松的心情下，再度开口说话。

仔细聆听就会发现，孩子很努力地练习与修正语言

如果仔细观察，父母会看到许多幼童在玩耍时，尤其是独自一人玩耍时，总喜欢喃喃自语，而且不需要有正式的听众或有人回应他。遇到这种情况时，父母别急着打断或制止他，而要耐心、仔细地聆听他在说些什么。也许你会惊讶地发现，他不断地在修正自己的语言结构与组织，努力地想把话讲得更好、更清楚。

如果孩子的语言能力退步状况持续很长的时间，同时父母也察觉他并非因忙着学习其他技巧而忽略语言能力，而是因为懒散、无生气、遭遇小小挫折，或其他原因而导致畏惧开口说话，那么就得寻求心理与生理方面的专业意见，协助孩子解决困难。

04

孩子学习语言缓慢,是体能活动占据他的心思

> 我女儿讲起话来就是和同龄的小朋友不一样。她已经满三岁了,每次说话只会说一个一个的字,而不会串联成一个句子,不像她的同伴讲话那么流畅,流畅到和人吵架都没有问题。女儿所懂的词汇量并不比同龄的孩子少,但感觉她的表达能力和技巧明显发展迟缓。我们一家人都很努力地和她说话,但她的学习进度真的很慢。她是不是有语言方面的障碍?

每个孩子都有自己的学习说话时间表

每个小孩都有各自的语言发展进度,他们会依据自己的时间表学说话,至于学习的速度则有时快有时慢,有时甚至会停滞不前好一段时间。因此，精算孩子本周或本月比上周或上个月进步多少，多听得懂几个字，或和同龄的孩子比较有多大的落差，这些数据不但毫无意义，也很容易让父母陷入错误的成见或挫败中。

事实上，有些孩子可以很快学会许多单字，但却不见得能很快把学到的单字组合成句子；反倒是那些学习说话较迟缓的孩子，往往很快就能把单字串联成句子。

如果孩子在体能方面较早熟，也就是说，他比同龄的孩子更早学会走路、爬上爬下、跳跃、抛球等动作，那么他的专注力就会被吸引到体能活动上，而语言学习也就会变得较为缓慢且迟钝。

另外，不论是欠缺适度的语言刺激、过度刺激，还是父母给予过大的语言学习压力，都会阻碍孩子在语言学习上的自然发展。至于过度受到照顾与保护的孩子，会因为凡事都不需要开口要求，父母便会为他准备妥当，以致缺乏开口练习说话的机会，自然表达能力就会相对迟缓。

一旦学会技巧，表达能力差的孩子便能讲得既快又清楚

一般来说，这些因注意力分散导致语言学习迟缓的孩子，一旦掌握了说话技巧后，通常一开口讲话就会又快又好。主要是因为其年纪已较成熟，理解能力较强，对于文法字句的掌握能力较强，再加上已经长时间默默累积了大量的词汇，自然会比很早就会说话的幼童缩短不少学习时间。

但如果孩子是因为生理障碍或精神障碍导致语言学习迟缓，

就必须通过专业机构的协助，帮孩子进行矫正。例如，有些幼童因为情绪障碍导致语言发育迟缓，当父母无法理解其需求时，就会以哭、闹、倒在地上以头撞地、撞墙等强烈情绪表达不满。因此，父母平时就必须仔细观察语言学习缓慢的孩子的举止，观察是否有其他因素阻碍其语言发展，一旦发现有异常的情绪表现，就应该向专家求助。

如果家里三岁的孩子已经懂得很多词汇，却不会把单字串联成句子，你也不必心急。事实上，你的孩子的语言学习很有可能是超前于同龄孩子的，因为这个年龄的孩子，只有极少数能将认识的单字组合成意义完整的句子。通常幼童到三岁左右，才有能力将单字组合成有意义的词句，之后才会加入语法的运用。

目前，只要孩子能使用一些单字，可以听懂大人的问话，能够服从简单的命令，同时对于不懂的词句，也能以自己的方式清楚表达，父母就应该对孩子的正常语言学习发展保持信心。

要孩子正常学习语言，就要避免和他讲"童言童语"

如果你希望孩子能够讲出完整的句子，那就要用完整的句子和孩子交谈，别和他讲"童言童语"，如此才能鼓励并刺激孩子学习讲出完整的句子。

当孩子对你说出某个单字时，你就以包含该单字在内的简单句子回应他。例如当孩子说"吃！"并指着或看着饼干时，你就回应他："你要吃饼干吗？"此外，要尽量问一些孩子不能只用"是或"不是"回答的问题。例如:"你要吃哪一种饼干?燕麦饼干还是水果饼干?"

除去压力,让孩子享受学习的乐趣

在鼓励孩子学习用完整句子说话的过程中,尤其须注意别让孩子感受到压力,一旦孩子觉得有压力,也许就不想再开口讲句子了。最好的方式是,放松心情和孩子好好享受这段学习过程的乐趣,相信在一段时日后,孩子在不知不觉中就能对答如流了。

父母如果不放心,还是担心孩子有语言学习迟缓的问题,就把疑问告诉医生,若有必要,医生会进行适当的听力测试,或由专业的语言病理学家进行正式的语言技巧评估。如果测试结果证实孩子有听力障碍或有明显的语言障碍,那及早治疗就十分重要了。

05

孩子出现"对话挫折"时,要一点一点帮他进步

> 儿子对我们讲话时,我们总是很用心地聆听,想听懂他在说什么,但是没有一次听得懂。看着儿子失望的表情,我们感到非常的不忍心与焦虑,但又不知道该怎么做才能帮得上他。

帮孩子练习对话时,要注意孩子把词汇扩张解释的问题

"有口难言"是一件多么痛苦的事,相信大人都能够体会。想象一下,当我们到了一个语言完全不通的国家时,不知该如何开口说话,开了口又没有人听得懂,那种深深的挫败感,正是遭遇"对话挫折"的孩子所面临的困境与难题。

对于出现"对话挫折"的孩子来说,他没有任何工具可以帮他沟通，而当他好不容易说出一些自认为很清楚的字或词汇，却发现别人完全听不懂时，他内心的挫败感便会涌现。但是，当他的"呓语"从可以听清楚一个字进步到一组词，然后进步到一个句子时，你和他的挫败感便会烟消云散。

不过，在帮助孩子练习对话时，你必须注意孩子"把词汇扩张解释"的问题。由于大部分幼童最早学会的词汇都是人或物品的名字，但碍于他们的人生经验有限、接触的范围狭小，所以时常会将词汇扩张解释。例如，当你告诉他，那个头发灰白、眼角有皱纹的老人叫"爷爷"时，他就会认为所有白头发的老人都是爷爷；当你告诉他，四只脚、有尾巴的动物叫"狗"时，他会将猫也认作是"狗"。

帮助孩子熟练语言时，要注意其心理需求与压力

为了让孩子可以学到正确的词汇，父母在纠正他的词汇扩张解释时，最好的方法是肯定、否定同时进行。例如，你可以说："没错，那个头发灰白的老人真的很像爷爷，但他不是我们家的爷爷，他是别的小朋友的爷爷。"假以时日，孩子会渐渐明白相似的人、事、物的差异之处。

特别值得一提的是，在帮助孩子加速熟练母语时，也要特别注意孩子心理上的需求。在鼓励孩子学习用句子说话的过程中，要小心避免让他感到有压力，因为他一旦感到有压力，也许就更难让他开口讲话了。所以，不论父母或孩子都要放松心情，好好

享受这段学习过程的乐趣，也许在不久的将来，孩子不知不觉就能对答如流了。

与孩子练习对话时，最重要的是耐心聆听

刚开始和孩子练习对话时，最重要的就是聆听，因为孩子的话中可能包含一些乍听之下无法了解的东西。聆听的同时也要注视着孩子，因为他脸部的表情诸如笑、翘嘴、扬眉，以及他的身体语言，诸如肩膀垂下、活蹦乱跳、交叉的手臂或伸手指物等，都代表很多意思。

孩子语意不清时，要帮他表达，别打断他

千万不要因为孩子讲话不清楚，就不耐烦地打断他。不论他必须花多长时间才能把一句短短几个字的话讲完，你都必须耐心地等他说完，即使不懂他在说些什么，仍要专注聆听。

当你不能完全听懂孩子在说什么时，可借助其他方式帮他完整表达，例如，要求他"用手指出你想要的东西"，或"带我去你想去的地方"，用此法帮助你了解孩子的话。就算你觉得很灰心也不要表现出来，那只会加深孩子的挫败感。

06

别要求孩子字正腔圆,他的舌与唇还无法灵活发音

> 我那个三岁多的女儿最近变得很爱讲话,但她说起话来就像嘴里含了一颗大卤蛋一样,没有一个字的发音是清楚、准确的。我担心她的嘴巴构造有什么问题,或者她是不是需要接受专业语言机构的治疗?

孩子发音不准是正常现象,不要挑剔或嘲笑他

要求一个三岁多的孩子说话字正腔圆?这样的父母也未免太心急、焦虑,对孩子的期待过高了吧。这个阶段的孩子说起话来之所以令人觉得可爱,正是因为发音不清不楚,甚至经常发错音。就算已学会不少词汇的小孩,也很少能够清楚发音的。除了父母与主要照顾者外,少有人能够听懂他在说些什么。

幼童咬字不清楚，最主要原因在于年纪太小，还无法灵活运用舌头与嘴唇来发音。当幼童发不出一个特别的音时，他就会自行找可发且相近的音来代替，例如，当他发不出"发"的音时，就会用"花"来代替，所以常常把"衣服"讲成"衣胡"。另外，孩子也会将词句简化，例如，用一个"饭"字来代替"吃饭"。

这个发音不全、咬字不清的现象，一般而言会持续到四岁左右，甚至有的孩子到了幼儿园大班或小学时期，才会说得比较清楚。但不管孩子发音多么不清楚，父母都应该表现鼓励与支持的态度，千万不要刻意挑剔孩子发音上的毛病或嘲笑孩子，也不要要求孩子重复练习。因为越给孩子压力，他就会越紧张，就越不容易把字说清楚。这种压力甚至会造成焦虑感，进而导致幼童自信心丧失，严重时，还会造成口吃问题。

观察孩子说话时的反应，寻找阻碍其准确发音的原因

父母应仔细观察孩子说话时的各项反应，是否有其他因素阻碍其语言发展。看看他是否明白你的问话，例如，问他："你要不要喝水？"看他是否能听从简单的指令。又如，对他说："请把玩具放下！"看他是否能对谈话内容有所反应。或者对他说："我们要向阿姨挥手说再见了！"

如果他的各项反应都很正常，那父母就不必过度担心孩子咬字不清的问题，等孩子年纪再大一些时，他自然就会讲得越来越清楚。当然，如果家人能够经常和他对话，多陪他练习发音，他会进步得更快。

请医生检查孩子是否存在舌系带过紧或其他问题

如果真的很担心孩子发音不清楚的问题,就带他去请医生检查,看看是否有舌系带过紧的情形。舌系带过紧的孩子,舌头会比较不灵活,咬字发音自然会不清楚。不过,这并不是一个很严重的问题,只要到医院直接进行手术即可解决。剪舌系带并不是大手术,所以父母不必太过担心。

如果孩子都不符合以上两项建议,而你又找不出他发音不清楚的原因时,可以把你的疑虑告诉医生,医生会为你的孩子进行适当的听力测试,或结合专业的语言训练师一起评估,帮你的孩子找出问题并加以解决。

第四章

如何戒除孩子恼人的固执癖好？

——给他足够的安全感和自尊

第四章 如何戒除孩子恼人的固执癖好？

孩子爱吸吮拇指，是因进入不同生命阶段而感到不安

如果有人举办吸拇指比赛，我想我一定会帮儿子报名参加，而且我有信心他可以轻易夺冠，因为我极少看到他把拇指从嘴里拿出来。

我儿子已经快四岁了，但吸吮大拇指的习惯却一直改不掉，每当他生气或疲倦时，就会开始吸大拇指。家里的长辈对他的这个坏习惯感到丢脸，为了强迫他戒除这个坏习惯，我母亲甚至用纱布把他的大拇指包起来。但是这根本就没有用，因为儿子把纱布拆掉后，继续吸吮。这种情形我到底该不该担心？

67

感情陷入冲突与矛盾时，吸吮拇指可让孩子得到慰藉

孩子在经历舒适惬意的襁褓期后，开始迎向人生的另一阶段，进入一个陌生又冷酷的世界。此时，他会需要一个形影不离的朋友在一旁支持他。这个朋友有可能是一条破毯子、一件旧衣服、一个心爱的玩偶，或是最得到他信任的大拇指。这些东西都能带给孩子安全感，让他有信心面对未知的世界。甚至在与父母短暂分离时，这些东西也同样可以让孩子得到熟悉的慰藉。

在对父母的依赖与寻求独立自主的过程中，或当孩子的感情陷入激烈的冲突与矛盾时，他最需要的就是他的大拇指与其他感情慰藉的来源。有些孩子在学步期便已不再依赖吸吮的慰藉，但有些孩子却很习惯，也很享受这样的安慰。

若不会造成伤害，就不必强迫孩子放弃吸吮拇指

幼童吸吮手指是很正常的行为，短时间或少量的吸吮并不会造成伤害，没有必要强迫孩子放弃。有时，父母的强迫动作反而带给孩子压力，加剧孩子对其大拇指的依赖。幼童吸吮拇指并不是一件可耻的事，那只是他获得慰藉的一个习惯罢了（如有的孩子整天抱着一条破毯子）。对于孩子的这个习惯，父母不必在乎别人的想法与看法，自己的态度才是最重要的。

至于长期吸吮拇指是否会影响孩子的身体健康与牙齿的正常发

育,这一点父母其实也无须过于担心。专家指出,只要孩子吸吮的行为大多发生在白天,并且在四岁之前停止这个习惯,就不会造成上述的问题。其实,孩童的情感慰藉方式有很多种,吸吮只是其中一种,而且大多会在三岁前就自动消失。

不过,如果孩子吸吮的时间太长、太频繁,甚至影响到学习说话、吃饭的技能,或者阻碍手部学习活动的能力时,那就得适时地加以导正。

强迫手段不可能让孩子放弃吸吮习惯

除非孩子自己愿意,否则父母无法强迫他放弃习惯。孩子会放弃吸吮拇指的动机,有可能是因为专家、父母、其他大人的劝说,或因为朋友的耻笑,或对这项习惯感到不好意思,甚至因渴望长大而被激发,但最重要的是一定要有动机。要求孩子放弃吸吮拇指的习惯,与其讨论何时或以何种方式改变孩子,还不如激发孩子改变的动机。

除了激发动机之外,以下几项建议也可减少孩子吸吮拇指的频率:

• 让孩子的双手保持忙碌状态。尽量带孩子做一些需要双手并用的活动,例如荡秋千、玩跷跷板、骑马、画沙画、堆沙堡,或和孩子一起揉面团、做面包等。通过这些活动降低孩子吸吮大拇指的频率与时间。

• 天气寒冷的时候,则可以帮孩子戴上手套。另外,给孩子的爱与关怀绝对不能少，而且要确定他有足够的睡眠与休息时间，以免他因烦躁或疲倦而狂吸手指。

• 让孩子的嘴巴忙到没有时间吸吮拇指。提供替代大拇指的物品，让孩子的嘴巴忙到没有时间吸吮拇指，例如和他聊天、唱歌，教他吹奏乐器，让孩子用吸管吸果汁或牛奶。在孩子一天中最需要吸吮的时刻，给孩子一些需要咀嚼比较久的营养点心，让孩子暂时忘记大拇指的存在。

02

不让父母讲电话，因为害怕失去父母的关注

> 每当家里的电话或手机铃声一响起，原本安静的儿子就开始吵闹，用力地抢我的电话或手机，并且缠着要我抱他，注意他。我只能以最快的速度结束电话交谈，否则不出几分钟，他的哭闹或尖叫声便让我听不到电话另一端的声音。大多时候，我都无法好好地讲完一通电话。

让孩子感受到关怀，他就不会干扰父母讲电话

绝大部分幼童都很不喜欢失去父母对他的关注。一旦他觉得父母对他的关怀不见了，不论父母当下在做什么事情，他都会想尽办法引起他们的注意和关心。

经常，当电话铃声响起时，幼童会因为感觉到父母的注意力顿时消失无踪,而备感威胁,没有安全感。于是,他会想尽办法来吸引父母的注意力。例如,他会缠着要父母抱,用力地抢父母手中的电话,或者尖叫哭闹,让父母无法专心讲电话。

幼童干扰父母讲电话的程度,会随着每个孩子的性情不同、父母的对应方式而有差异。当孩子的年纪稍大一些时,他的干扰方式可能会从早期的纠缠与大闹,变成对着父母大叫:"妈,你还要讲多久,我肚子好饿!"

别激起孩子的防卫心和不安全感

当听到电话铃声响起时,不要对孩子说:"妈妈先接一下电话,你自己一个人乖乖玩,我讲完电话就来陪你!"如果这样讲,孩子就一定会跟过去与你纠缠不休。比较理想的反应是,当听到电话铃响时,用愉快的态度走过去接听,并边走边说:"我来听听是谁打来的?"

面对孩子随时索求注意力与关怀,父母应以同情而非愤怒的心情对待,对他发怒,只会激化他更深的不安全感,导致他更强烈的干扰行为。必要时,父母可以装设电话答录机,以过滤一些不重要或不必要的来电,降低孩子的不安全感。

让孩子加入对话,或改用无线电话

如果来电的人是孩子也认识的亲朋好友,可以让孩子加入你们之间的对话。把听筒放在孩子的耳朵旁几分钟，告诉他："奶奶说她很想你，你要不要和奶奶说话？"让孩子觉得他没有被忽略、被孤立，而且还成为你们之中的一员，不过如果他不想讲话也不必勉强他。

当然，你也可以考虑改用无线电话。使用无线电话的好处有：

• 一是，父母可以一边讲电话一边陪孩子玩游戏、画画、过家家等，这样孩子就不会觉得每次父母讲电话时，他就被孤立、隔绝在父母的生活之外。

• 二是，父母可以随时和孩子保持亲密接触。可以一边讲话一边抱着孩子到处走动；或在讲电话时，摸摸孩子的头，对他眨眨眼睛、对他扮鬼脸；或带他到冰箱拿食物，上厕所，一切就好像和平时的互动没两样。这样一来，即使孩子知道父母正和别人讲电话，但父母的注意力还是在他身上，他就比较不会因为"吃醋"而哭闹了。

给孩子一部个人专属电话

为孩子准备一部他个人专用的电话，淘汰或坏掉的电话或玩具电话都是不错的选择。当要接听电话或打电话时，就和孩子玩"我们来打电话"的游戏，鼓励他打给他很喜欢的人，例如爸爸、爷爷、小阿姨、表哥或邻居小朋友。就算孩子讲话还不清楚，但这样的游戏仍然可以让他很高兴地玩上几分钟。当他在讲他的电话时，父母就可以抢到一些时间讲电话。

03

什么东西都往嘴里送,是孩子探索世界的行为

> 我儿子有一个令我伤透脑筋的坏习惯,就是他不论拿到什么东西,都会放到嘴里咬一咬,尝尝味道。我担心他会因为吃到不干净的东西而生病,更害怕他趁我不注意的时候,不小心吞下什么不该吞下肚的东西,而噎着或闹肚子。我该怎么做才能让他改掉这个坏习惯?

孩子用嘴巴探索世界时,别急着制止他

幼童喜欢用嘴巴作为探索的工具,这是他成长过程中一种正常的现象,并不是不良习惯。至于这个习惯会持续多久,则因人而异。绝大部分的孩子在两岁时,仍然会继续用嘴巴探索这个世界。不过,父母大可不必因此而大惊小怪,更无须急着阻止或刻意帮他改掉这个毛病，就让孩子依照自己的步调慢慢摆脱这个习惯即可。

其实，不论孩子多么喜欢咬东西或多么贪吃，通常，孩子会在两岁以后便不再对咬东西这件事感兴趣。此时，他的原始口部满足欲望降低，转而开发其他的感官欲望。父母若看到孩子咬东西就立刻出声制止，反而会激起孩子的对抗心理，延长他想放弃咬东西的时间。

不必急于改掉这个毛病，但要确定所咬东西的安全性

虽说不必急于阻止或刻意帮孩子改掉这个毛病，但也必须确保他所咬的东西的安全性，以免造成难以收拾的后果。在孩子把东西放进嘴里前，先检查东西是否安全。孩子塞进嘴里的东西有可能是碗里或盘里的食物，有可能是桌上的某些小东西，也有可能是地上没洗过的东西。

其实，孩子的这些举动都没有太大的关系，但要留意别让他跑进浴室拿海绵咬，或从垃圾桶捡发霉的面包吃，甚至把室外的脏鞋子拿起来咬。

注意玩具是否含有毒素。市面上卖的很多小朋友的玩具都含有毒素，这些东西一旦被含在嘴巴里，毒素便会残留在孩子的体内，因此，在为孩子购买玩具时，要特别注意标示并询问店里的专业人员。

预防孩子把不可吞食的东西放进嘴里。要慎防孩子不小心吞下小东西而被噎着，或把不能吃下肚的东西咬碎并吞下。不让孩子有

机会拿到不可吞食的东西放进嘴里,最好的预防方法是:把浴室门上锁,购买加盖的垃圾桶,把鞋子收进鞋柜,把药品放在孩子拿不到的地方,还要仔细检查屋内地板上是否有小钱币或其他东西掉落。

最后也是最重要的,就是要随时注意孩子嘴巴里的东西是什么。

对于危险物品坚决说"不"

当孩子打算或已经把危险物品放进嘴里时,父母要非常坚决地对他说:"不行!吐出来!"如果孩子不听指示,父母必须立刻把东西从孩子手上拿走或从口中掏出来。年幼的孩子正在努力扩张自己的主权,他能够了解父母的意思及指示,却不一定会顺从,因此,父母必须让孩子渐渐明白哪些东西绝不可以放进嘴里,哪些东西则没有关系。

有时,孩子因为牙齿一颗接一颗长出来,咬东西可以减少长牙时的牙床疼痛感。如果孩子有这种情形,可以考虑帮他购置一些安全、形状有趣又可爱的磨牙玩具。

第四章　如何戒除孩子恼人的固执癖好？

孩子经常尿床或尿湿裤子，不要羞辱或嘲笑他

> 我女儿已经五岁了，也早就学会了使用马桶。但是，过去的几个星期，她经常尿湿裤子，而且每次都露出很无辜的表情。我试着每隔几小时就提醒她上厕所，但她总说她还不想尿尿。结果，几分钟后，又尿湿裤子了。
>
> 夜里睡觉时情况更严重，常常在早上醒来时，发现床铺已经被尿湿了。感觉好像她只要一进入梦乡，就完全无法感受到尿意。我们如何才能让她不再尿床了？或有什么方法可以改善这个问题？

处罚或威胁孩子，只会使问题变得更严重

在成人眼里，孩童的活动似乎令人觉得无聊且没有意义；但在幼童的眼中，他的生活却是非常忙碌的，例如画画、溜滑梯、荡秋千、玩沙子、骑三轮车、堆积木、过家家、躲猫猫等，全都是令人情绪兴奋的活动，足以让他玩到忘我，也忘了他的生理需求。这足以说明为何孩童会经常尿湿裤子或半夜尿床了。

生活作息改变或环境改变所引发的压力与情绪不安，也会导致孩子膀胱机能退化的现象，而泌尿系统感染或膀胱感染，则会引起孩子持续性尿裤子。

至于处理孩子尿床的问题，是不论父母如何积极都不会有收获的。因为，孩子睡觉时尿床并非他所愿，这是他在成长过程中无法避免的现象，若因此处罚或威胁孩子，不但无法得到预期的效果，反而会增加孩子的压力，导致更严重的尿床问题。

90%的幼童会在六岁前自己停止尿床行为

一般而言，即使大人不介入处理，百分之九十的幼童也会在六岁前自己停止尿床的行为，至于剩下百分之十的幼童为何会持续尿床，目前原因仍然不明，不过最常被讨论的可能因素，包括遗传、膀胱较小、夜尿量太多及睡得太沉等。

如果孩子已经超过六岁，却仍经常尿床，专家们建议最好的解决方法就是帮孩子设定尿床闹钟——当孩子快要尿床时，闹钟就会把他吵醒，以此法"提醒"孩子在需要时就上厕所。但若孩子实在睡得太沉，连闹钟都无法吵醒，那父母只好在半夜叫孩子起床上厕所。

嘲笑、斥责、唠叨会伤害孩子的自尊。强烈要求孩子在夜里不尿床，嘲笑、斥责他，对他唠叨，限制他睡前的液体摄取量，这些手段都无法逼迫孩子更早准备好。相反地，这种压力长久下来会让孩子的自尊受到极大伤害，反而增加尿床的频率。

如果孩子的尿床问题一直无法有效解决，不妨就让他继续包尿布直到准备好为止，如此一来，孩子不必承受来自大人的过大压力，而父母也可以拥有比较正常的睡眠。

不动怒，不惩罚、不羞辱孩子

你才帮孩子换了干净的裤子，几小时后，又发现一条小河缓缓沿着孩子的裤管往下流。对这样的意外，父母千万不要过度反应，对他大喊："你又尿湿裤子了！"或不耐烦地对他祭出惩罚："你这么爱尿湿裤子，干脆就不要穿裤子算了！"或嘲笑地说："我还以为你已经长大了！""你还不如妹妹。"

含有人身攻击意味的气话或羞辱的话，只会使孩子更不知所措，而使得问题一再发生。父母应该轻松看待，并安慰他："你一定是玩得太高兴，忘了要上厕所，对不对？没关系，下次我们一定要记得，好不好？"

减轻孩子的压力并保护其自尊

如果孩子是突发性尿湿裤子或尿床，有可能是最近压力过大所致。这时，父母首先要做的就是检视孩子的生活，尽可能减少孩子的压力，并给予适当的注意与关怀。

解决孩子尿床的问题时，除了要保护孩子的床垫避免被尿湿，更重要的是保护孩子的自尊。当你在睡前帮他穿尿布时，不要一边穿一边说伤人的言语，例如："等你长大后就不用再包尿布了。"如果孩子不喜欢穿尿布（因为白天都穿内裤），可以等孩子睡着后再帮他穿上，或考虑为他购买具有尿布功能、穿起来像内裤的训练用尿裤。

要求孩子睡前少喝水、上床前要上厕所

为了降低孩子尿湿裤子或半夜尿床的频率，父母要掌握孩子的水分摄取量，不要给孩子喝过多水或利尿性饮料，尤其是睡前。此外，还要养成孩子一有尿意就上厕所，以及睡前一定要上厕所的习惯。

仪式化行为,是孩子掌控自己生活的一种方式

> 我儿子的个性十分固执,做任何事都会有固定不变的坚持,拒绝任何的改变。例如,他永远要用同一个杯子喝饮料;他的三明治一定不可以切开;不论是冬天或夏天,他就是坚持要穿同一双袜子,即使它们已经破损、松垮,也不会改变他的坚持。

固定行为让孩子有安全感,可预测并掌控自己的生活

固执不变的行为如果发生在成年人身上,大家可能会认为他罹患了强迫性;但对孩童来说,一再重复同样的动作或坚持不变、仪式化的行为,其实是很常见、很正常的。虽然并不是每个幼童都会坚持固定不变、仪式化的行为,但大多数的幼童都会希望能够预测自己的食物、饮料、衣着及日常作息。因为，即使是小小的变化，都会令他觉得没有安全感。

这种仪式化的行为，其实是幼童试图掌控自己生活的一种方式。由于这个阶段的孩子都必须依赖大人的照顾与保护，想要取得生活上的掌控权并不容易，偏偏他已开始有自己的想法——想脱离大人的掌控，想拥有自己的世界——于是，他便借由大闹脾气或毫无理由地坚持同样行为的方式，来掌控自己的生活。例如，使用特定的水杯、特定的喝果汁的杯子，固执地只穿某件衣服或裤子，或饭菜一定要分开放等。这些大人看似不合理且顽固的行为，对幼童的自尊心却有很大的意义。

配合孩子的坚持，他反而能够顺从父母的要求

与其试图改掉孩子坚持不变、仪式化的行为，不如顺从、配合孩子的坚持与仪式，当孩子发现他不需要费力地与父母对抗，就已经得到他想要的掌控权时，时日一久，他反而能够乖乖配合父母的要求。

让任何照顾孩子的人知道孩子的癖好，以及你对这些癖好的处理态度。或许家庭保姆会知道你的处理态度并愿意配合，但幼儿园的老师必须同时照顾很多孩子，可能就会忽略你的孩子的特殊癖好。如果可以让老师也知道孩子的癖好，并配合你的处理态度，便可及早帮助孩子脱离这段顽固的抗拒时期。

让孩子体验其他小孩的生活，可软化他的坚持态度

开阔孩子的视野，可帮助他看到不同的可能。让孩子经常到同龄的小朋友家里玩，体验其他小孩的生活方式，也许他会发现不一样的乐趣，也就不再那么坚持一定要有固定仪式化的行为。

或者，偶尔释放一些主控权给孩子，例如，让他自己挑杯子喝水，或者把全家人的早餐三明治切成各种有趣的形状，当然也包括他坚持的那款形状，让他看到家人吃三明治的乐趣，也许可以诱发他想选择不同形状的三明治来吃。但如果这些方法都无效时，也不要逼孩子，要耐心等候孩子的这个癖好自动消失。

06

拒绝任何改变，是为了控制熟悉且安全的环境

> 常常就算只是一点点的小改变，例如，更换一个新的汽车座椅，睡前仪式顺序改变，把她的长发绑成马尾或辫子，都会使我女儿不安而闹情绪。甚至连我换了一副新眼镜，她也要抗议。我很担心她长大后会有强迫症。

生活纪律是幼童安心生活的基础

在幼童的思考逻辑中，任何改变都是不好的，他不喜欢也不接受生活中的任何改变，他想努力控制自己所熟悉且安全的环境，因此，当环境发生改变时，即使只是些微且不会对他造成影响的改变，都会令其不知所措，备感威胁、挫折、不安及不确定。三岁以后的孩童，反应尤其强烈。

父母必须明白，生活纪律对幼童而言，是非常正常且重要的，那是他可以安心生活的基础。对于新纪律、新改变，孩子至少得花一年以上的时间才有办法妥协与接受。所以，在面临全新及不同的事物时，请尊重孩子的警觉性与抗拒心态。如果没有必要一定得改变时，就保持现状，至少会让孩子觉得比较安全，同时也可避免亲子间产生冲突。

暂缓改变并耐心地支持孩子

任何不必立刻进行的改变，就先暂缓改变。例如，客厅的旧地毯需要更新，旧的娃娃车需要换大一点的，日常作息想进行调整，房子应该重新粉刷，这些事都可以先暂缓，等到孩子可以接受时再进行。

抗拒改变几乎是每个幼童都会经历的过程，但如果你的孩子情况比较严重，那么除了以上所提供的方法外，你的耐心与支持绝对会是帮孩子顺利走过这个阶段的不二法门。多给孩子一些时间熟悉新事物、新环境，他一定能成长为身心健康的孩子。

帮孩子预做心理准备，以强化他的适应力

如果是必须立刻改变的大事，例如换新保姆、搬家、换新幼儿园、换新老师等，都必须尽可能找机会告诉孩子，让他有充分的心理准备，同时帮他适应这项改变带来的新局面。当孩子出现不安、挫败或受到威胁的情绪时,不要对他生气,而要给予他大量的支持及谅解,做孩子人生暴风巨浪中那只平静、稳定且坚实的锚。

适应力差的孩子比一般孩子更抗拒改变,更需要规律的作息、固定的仪式及固定的偏好,对于明显或过度的改变,会显得慌乱且手足无措。一旦改变完成,适应了新的生活形态与环境后,他就会固守新的情势。因为固执和坚持,他不容易从愤怒的情绪中平复。

要强化孩子适应改变能力的最好方法,就是尽可能提早预告即将发生的改变,让孩子做好心理准备。

第四章　如何戒除孩子恼人的固执癖好？

07

喜欢重复听同样的故事，因为听再多次都不满足

> 我经常会忍不住怀疑，我那个四岁半的儿子是故意在捉弄我，每晚都要求我讲同一则童话故事。那则故事我讲了不下百遍，故事情节他早就可以倒背如流了，却怎么都听不腻，但是我已经讲到麻木且无趣了。

不论孩子想听多少遍，都配合他，让他听个够

喜欢重复听同样的故事，其实是幼童常见的心理现象。不论他喜爱的东西是某种食物或饮料、某个玩具、某件衣服或毯子、某一篇故事，他对喜爱的东西永远都不会觉得满足。对成人来说，这些一成不变又无聊的东西，却是幼童快乐的制高点。产生这种现象的原因如下：

87

一、几乎所有的幼童都不喜欢改变，熟悉且可以预测的事物会让幼童感到安心、安全、自在、舒服，而且能够控制。孩子喜欢重复听同一则童话故事，这一点也不奇怪，因为，他可以预先掌控故事的走向，知道接下来故事中的主角会发生什么事。

二、一遍又一遍地听同一则故事，可以帮助他累积词汇及培养理解力。第一次听故事时，他可能无法了解每个字的意思，但听了一遍、两遍、十遍甚至百遍后，他可以了解越来越多的字，甚至完全知道故事里的每一个字词，这对他来说，是一项非常了不起的成就。

三、熟悉故事情节，让他更能充分地参与阅读并进入故事中。由于他已经能够预期接下来会发生的事，便可以指着书中熟悉的插图，不时插入一小段说明。

四、故事的节奏与韵律成了他最佳的享受与乐趣。尤其当故事中主角的不幸遭遇正好与他生活中的挫折不谋而合时，他不但可以找到情绪出口，同时主角的勇敢也会鼓励他克服内心深处的恐惧。

所以，别再抱怨重复念故事给孩子听是一件很无聊的事，因为你可能永远都不知道，那篇故事对孩子产生多大、多深的正面影响。不论孩子想听多少遍，你都要配合他，直到他决定停止为止。如果你觉得只是单纯讲故事真的很无聊，何不考虑改变一下讲故事的方式？

用不同的声音讲故事，或和孩子一起分角色扮演

虽然你很想把故事录下来，每晚重复播放给孩子听，这样你就不会觉得那么无聊，但你很清楚孩子不吃这一套。或许你可以改变自己无聊的心态，发挥你的表演天分，经常改用不同的声音讲故事，这样不但你不会觉得无聊，孩子也更能享受听故事的乐趣。

讲故事时，你可以请孩子扮演故事中的某一角色，但在一开始，要让他尝试台词少一点的角色。每当你的故事讲到他所扮演的角色时，就抬头看着他，让他说出故事的对白。几次之后，再让孩子扮演另一个台词多一点的角色。这种角色扮演的说故事方式，会让孩子完全投入故事中，而且对自己的表演很有成就感。

先讲新故事再讲重复多次的故事，但别强迫孩子接受

每晚在讲重复多次的故事前，试着先讲其他新故事，但不要强迫孩子接受。有时，即便孩子不愿放弃最爱的故事，但他也可能会想听听新故事。尤其，新故事如果是他最爱的系列故事或同一主角的新故事，你可能就可以成功地换新故事了。

如果无论你如何努力尝试新故事，孩子就是坚持只听他想听的，而且要求每天都听同一则故事，那你就投降吧，别再和他对抗了！换个心态想想，这个阶段不会永远持续，总有一天他会开始喜欢变化，接受新故事、新事物！

08

孩子吵着"现在就要"时,要教他"等一下"的道理

> 我儿子非常没有耐心,不管做什么事或要什么东西,他连一秒钟都不愿等待,总是大叫:"不管!我现在就要!"老实说,对于他这种没耐性的个性,我也越来越失去耐性应付他了。

幼童没有时间概念,一分钟有如一世纪般漫长

年幼的孩童对于时间的变化一无所知,对于过去与未来的了解,也十分有限,在他的认知里就只有"现在"。因此,当他饿了、渴了的时候,就会想到"我现在就要"食物和水;当他困了,不管身在何处,就只想到"我现在就要"睡觉。他不懂得"耐心等候"的道理,只知道当他想要什么时,只要开口大声要求就能得到。

两岁后，他才开始能够理解"等一下"的意思，但不明白那是多久，所以，还不太有足够的耐心等待。但随着年龄增长，加上过去的经验，孩子的耐性会逐渐增加。三岁以后，当他被要求"等一下"时，他会从过去的经验得知"等一下"并不会太久，所以愿意耐心地配合，而且还可能回头继续玩玩具或做其他事情。

所以在此之前，父母必须做好心理准备，接受孩子不断地对你大喊："我现在就要！我现在就要！我现在就要！"父母能做的，除了耐心期待孩子随着年纪渐长变得越来越有耐心之外，还可以采用下列建议，帮助你和孩子较轻松地应付这项问题。

要求孩子"等一下"时，必须确定这件事是值得等待的

虽然所有的父母都想教导孩子，遇到事情时要耐心等待，但对年幼的孩子来说，有些事却是等不得的，例如饥饿、口渴、大便、小便、睡觉等，这些对孩子来说，就是人生最重要的事，必须立即得到解决。

因此，父母必须确定自己要求幼童等待的事情，是值得等待的，否则可能会无法安抚接下来孩子即将爆发的情绪。所以，如果现在距离开饭时间尚有半个钟头，但他已经喊肚子饿，就立刻给他少量的营养零食填肚子，等开饭时间到了，再一起吃饭。

分散孩子的注意力，帮他快点度过等待的时间

如果某些等待是必要且不可避免的，那么就试试以分散注意力的方式，帮助他快点度过等待的时间。例如，当他在回家途中大喊肚子饿时，如果车上正好没有准备点心或饼干，那就指着车外他熟悉的景物说："你看那只狗跳起来咬住飞盘了耶！"又或者，你可以和他演一段他最爱听的故事情节；再不然就问他在幼儿园里最爱唱什么歌，然后和他一起合唱！转移孩子的注意力，可以让你顺利地载他回家。

如果还需要五分钟才能准备东西给孩子吃，或带他到公园或游乐场玩，你可以帮他设定时间，例如，闹钟响或沙漏漏完的时候，只要时间一到，你就马上执行你的承诺。如此不但可以帮孩子建立时间概念，也能够让他了解不会等待一辈子那么久，那么下次当你要他"等一下"时，他就会比较有耐心了。

第五章

如何戒除孩子的依赖习惯？

——让他明白你不会消失，
　但也不会对他过度保护

孩子依赖心强，可让他多接触不同的人

> 我的女儿就快四岁了。她不满九个月便出生，使得我们对她特别关注，但这似乎养成她对我过度依赖的个性。每当我一离开她的视线，她便慌张大哭。即使在同一个房间里，她只要发现我的注意力不在她身上，就会立刻过来拉着我的脚或我的衣服，不停地磨蹭、发牢骚。

不过度保护，才不会强化孩子的依赖感

两岁以前，孩子毋庸置疑地会对母亲强烈依赖，但到了三四岁时，他会越来越不需要父母，但对父母的依赖仍然很深。这的确是一件很困扰父母的事情。孩子挣脱父母的怀抱，兴致勃勃地去探索新世界，但只要一感到有威胁的压力，便立刻缩回父母的身边。

孩童这种在独立与依赖两端挣扎的矛盾心理，其实是正常且合理的现象。

即使孩子的世界扩大了，父母依然是他的世界中心，这应该是值得父母高兴的一件事，当然，这也变成了父母的另一层负担。正如很多父母都深刻体验过的一件事：当你忙着完成许多家事时，孩子却抱着你的腿或抓着你的裤管不放，你只能一边工作，一边拖着一个十几公斤重的小孩，同时还得忍受他那可怜模样所带给你的罪恶感。这种情形不只会对父母造成困扰，也会阻碍孩子在身体、情绪、社会关系与心智上的正常成长和发展。

孩子这种依赖行为，一般而言，会持续到他上幼儿园甚至是小学一年级的时候。在这段挣扎、矛盾的过渡时期，父母要给予孩子足够的支持与安全感，让他多点机会可以接触其他的人，但也不要过度保护，以免强化孩子的依赖感。

孩子学习独立是一个漫长的过程，需要父母的温暖鼓励和支持，让他带着信心学习，慢慢打开他的世界，慢慢戒除对父母的依赖。

父母窃喜孩子对自己的依赖，只会使孩子变得更依赖

当感觉孩子越来越不需要你的时候，你是不是会舍不得走开，不停地在孩子身边徘徊？或事先启动他的依赖神经，对他说："妈妈去上一下厕所，你看不到我的时候不可以哭喔。"

大多数的父母在看到孩子对自己如此依赖时，都不免会暗自窃喜，然而，这种窃喜的心态，却会在不知不觉中强化孩子的依赖行为。因此，父母必须时时提醒自己，要避免做出阻碍孩子学习独立的行为。

通过游戏，让孩子明白父母不会消失不见

依赖心强的孩子很害怕自己心爱的人会突然离开他们的视线，对他们来说，只是短短的数分钟的消失，就等于心爱的人永远从这个地球上消失了。所以，父母可以通过游戏的方式，让孩子明白"物体恒久存在"的道理。

躲猫猫这项游戏便能清晰地传达这个道理。当你和孩子玩这项游戏时，孩子会发现你一会儿消失，一会儿又出现，但游戏结束后，你依然陪在他身边。随着每次躲藏时间的拉长，慢慢地，孩子对父母的依赖感便会降低。

在一开始玩这项游戏时，孩子常常会因为父母突然消失而恐慌大哭。当发现孩子陷入恐慌情绪时，父母就边躲边和他对话，让他知道你并未离开他。等孩子玩熟了这项游戏后，父母可以和他角色互换，鼓励他也躲起来让父母找。不过，在没有大人或大孩子的陪伴下，绝不要让幼童独处一室，以免发生危险。

即使要急着离开孩子，也要表现得从容不迫

有时候，父母会不经意地把内心的焦虑情绪传达给孩子。所以，无论你多么急切地要离开孩子，都必须保持从容不迫的态度及声调，

让孩子有安全感。如果孩子执意不让你离开，也不要对他露出为难、懊恼的表情，要依然保持冷静的态度，继续做你要做的事，然后以平静的语气向他保证你很快就会回来。

当你的工作完成后，再以同样的态度走到孩子身边，轻松地问他："自己一个人玩得高兴吗？"当你经常使用这样的技巧与孩子互动时，久而久之，孩子就会适应父母的来来去去，自然也就安心了。

如果你试了以上方法，孩子仍然顽固地一定要跟着你，该怎么办？那就让他跟吧！因为他在独立与依赖父母之间，已经挣扎、矛盾到不知所措了。就让他抓着你的裤管或衣摆，然后再视情况向他解释："如果妈妈再不去煮饭，晚上就没饭吃了。"当他明白这样黏着你并不能完全占有你时，迟早他会放弃这样的行为。

孩子太黏妈妈时，要制造机会让爸爸照顾他

> 我那四岁半的儿子整天黏着我不放，只要有我在，他就会拒绝任何人替他做任何事，甚至连他爸爸也一样被拒绝。他占据了我所有的时间，同时也让他爸爸觉得自己在家里仿佛是个多余的人，完全无法帮我分担照顾孩子的工作。对此，他充满了无奈。

爸爸持续努力地付出，可降低孩子对妈妈的偏爱

对大多数年幼的孩子而言，妈妈永远是最心爱、最棒的人，天底下没有任何人会像妈妈那样，替他准备食物和饮料，做好吃的，帮他穿鞋子和衣服，陪他到公园溜滑梯，带他去游乐场玩，送他到幼儿园上学。妈妈是他心中最伟大的人，不断地满足他的需求。所以，只要有妈妈在，他就会拒绝其他人为他做任何事情。

这种紧紧黏着妈妈不放的情形，确实会让妈妈感觉到有种无法喘息的强大压力，甚至会觉得很难衷心接受并感激孩子对母亲的过度关注，更严重的话，有时还会感觉到受骗与愤慨。

至于长期被孩子拒绝的爸爸，在屡经挫折之后，往往也很难再持续地对孩子付出，甚至认为没有必要。因为，他觉得不论自己多么努力，孩子就是不接受他。不过，爸爸们要明白的是，孩子对妈妈的偏好就有如天性一般，但这也绝不表示孩子否定爸爸的能力或不喜欢爸爸。

所以，爸爸们千万要坚持、努力地付出，不要在意孩子的拒绝。更何况，爸爸坚持、努力地付出，不但可以减轻妈妈的负担，同时也会降低孩子对妈妈的偏爱行为。等到孩子到了就学阶段时，通常依恋的对象就会转移到爸爸身上，爸爸将成为孩子心目中的伟大人物，到了这个时候，遭到孩子拒绝的反而变成是妈妈。

不窃喜、不鼓励也不迎合孩子的黏人行为

虽然嘴里抱怨孩子占据所有的时间，但在妈妈的内心深处，其实很享受这种被需要的感觉，潜意识里更会迎合孩子的这种偏爱——全权处理孩子的一切需求，并把爸爸排除在外。妈妈这种"孩子比较喜欢我照顾他"的心态，不但剥夺了爸爸照顾孩子的机会，也让爸爸没有机会熟练照顾的技巧。仔细回想，你是不是这样的妈妈？如果是，你就不该成为孩子的共犯，而要学习不去助长孩子这

种偏爱行为。

妈妈别只挑讨孩子喜欢的事去做，而把孩子不想做或做了会引起孩子讨厌的事情，全都推给爸爸去做。双亲教育工作必须公平分配，所有讨厌与愉快的事都应该夫妻一起分摊，否则在孩子的心里，爸爸永远是输家，永远都无法和妈妈竞争。

让爸爸有机会全权照顾孩子

如果可以，妈妈最好固定一周一次外出放松一天，把照顾孩子的机会完全留给爸爸。妈妈最好在一天开始时就离开。离开时，也不要迟疑或露出不舍的神情，更不能每隔一段时间就打电话回家询问状况，这样会使孩子较容易接受爸爸的照顾。

其实，妈妈最后都会发现，大部分的爸爸都能轻松应付照顾幼儿的工作，而且还和孩子相处得很好，那都是因为妈妈的离开让父子／父女毫无选择地必须相依为命。

在想尽办法与孩子拉近距离而被拒绝时，所有的爸爸都会感到难以忍受。这时，妈妈就应该适时给予爸爸支持与体谅，以补偿孩子无意中所造成的伤害。多给爸爸一些赞美，让他知道虽然孩子不领情，但你还是很感激他所做的一切努力。

03 孩子在团体游戏时也黏着妈妈,就别急着将他推入团体里

> 我那五岁的儿子已经上幼儿园中班了,但是他并没有随着年纪的增长,而不再对我那般依赖。每次带他到公园或游乐场,让他和同龄的小朋友一起玩游戏时,其他小朋友都能玩得快乐又自在,只有我儿子在整个游戏过程中,都黏在我身边。

千万别对孩子说:"你看,小明都不会黏着他妈妈!"

父母总忍不住拿自己的小孩和别人家的比较。例如,谁家的孩子功课比较好,谁家的孩子游泳比赛总是拿冠军,谁家的孩子懂事又有礼貌……甚至连孩子参与团体游戏时也不例外。看到别人的小孩比自己的孩子活泼、会说话、进退得宜,身为父母的就很难不做比较。

但是，这样的比较心态真的对自己的孩子很不公平！每个孩子都不一样，都有其独立的性格与不同的发展模式，所以，父母对孩子的期待，应该要基于其天性与后天发展，而不是以其他孩子作为期待的准则。

试着回想一下我们儿时的同学或玩伴，那些当初被大人们称赞功课好、人缘佳、体贴有礼的小孩，现在的表现是不是真的高人一等了？所谓"小时了了，大未必佳"，一个小时候人缘好的孩子，长大后未必仍会是一个受欢迎的人；而一个从小爱黏人的小孩，日后也未必就是会遭社会排斥的性格孤僻者。

父母虽然都望子成龙、望女成凤，但不需要操之过急，而应该在孩子年幼时，给予其充足的温暖和爱，帮他建立自信与安全感，等到时机成熟时，他自然会独立展翅高飞。父母无须对一个才二至六岁的幼童施加压力。在孩子还未做好准备时，就强迫他独立，只会更增添他的不安全感，让他更紧黏着父母不放，或从此变得更易畏缩。

在孩子还没调整好心态前，别急着把他推入团体中

如果孩子生性比较害羞，或很少和家人以外的人接触，那么一下子把他推入一个人数众多的游戏团体中，只会让他显得慌张无措。不妨先试试看"一对一"的方式，让他在不同的游戏时段里，一次只和一个小孩玩，让他可以慢慢调整心态，一个一个地认识其他小

朋友，同时可以学着如何和别人相处、玩游戏。

当父母发现孩子对某项游戏感兴趣时，可以陪着孩子靠近那些小朋友坐下，等到孩子投入游戏中，父母再慢慢退到一旁。等到孩子发现你不在身边而跑回来找你时，你再陪伴他过去加入其他孩子的游戏中，一直到他感到安心为止。孩子迟早能在团体中自在地玩游戏。

孩子加入团体游戏时，要随时给他支持与鼓励

当孩子终于能在团体中和其他孩子一起玩时，父母千万不可立刻抛下他走得远远的。最好停留在孩子的视线内，随时给孩子有形的支持与鼓励，偶尔走到孩子身边，给他一句简短的赞美，这样会增加孩子的安全感。

当孩子不放心地走回你身边时，立刻给他一个拥抱，并鼓励他继续玩游戏。只要他确定你不会趁着他和别人玩游戏时离开，他也就会更有信心地离开父母的身边，加入玩伴的游戏中。

就算上述方法都未奏效，孩子的表现不符合父母的期望，父母也必须无条件地接受并爱他。千万不要让孩子觉得因为他的害羞、不擅交际，所以爸妈就不再像以前那样爱他。孩子的表现越不符合父母的期望，父母越要让孩子知道，不论他的表现好或不好，你对他的爱永远都不会改变；不论他是决定要和其他小孩玩，还是要继续躲在你的怀里，你都一样爱他。

孩子爱要求"陪我玩",可教他一个人玩的游戏

> 每次当我好不容易能有片刻的空闲,想坐下来休息一下,查看电子邮件,阅读报纸或做其他事情时,儿子就会过来要求我陪他玩。我真的想不出办法该如何让他自己玩。

培养孩子自我娱乐的能力与经验

除非你是得到老天的特别眷顾,才可能拥有一个能够自己玩很久的孩子。坦白说,这样的孩子应该称得上是稀有动物吧!人类是天生的群居动物,而年幼的孩子还不会和自己玩,所以年幼的孩子都喜欢也需要有玩伴,而在他们的眼里,父母就是最理想、最好的玩伴。

每天陪孩子玩,不但有益于孩子的身心发展,还可增进父母与孩子的亲子关系，更能放松每天的生活压力，丰富并满足你和孩子的生活内容。但这不表示你应该随传随到，随时陪孩子一起玩。有时候，你得培养孩子自己一个人玩的能力与经验，并让他明了，除了陪他过家家、躲猫猫和堆积木外，你还有许多其他工作与个人兴趣等着要完成。

当孩子看到父母可以独自工作，并对自己所做的事乐在其中时，孩子会从父母身上学到——原来一个人活动也可以充满乐趣。如此一来，等到孩子有机会自己独处时，他会发现他可以成功地当"父母的好伙伴"，并会因此对自己感到满意。

只要教个小技巧并起个头，孩子便可以自己玩游戏

孩子生来就知道要如何玩游戏，只是一开始需要父母帮忙领进门，教他一些小技巧，然后他便可以自己一个人乐在其中。这些玩具或游戏的小技巧，例如，该如何叠积木才不会倒；三角形的木块该如何转动，才有办法放进形状与分类玩具中；或者玩拼图时，该从何处开始拼。父母花越多时间教孩子自己玩玩具的技巧，孩子就能越早发现其中的乐趣，也就越早能够自己玩。

当父母希望孩子能够自己玩玩具或游戏时，可以先帮他起一个头，带着他玩一会儿，等他的注意力被玩具或游戏吸引时，再告诉他可以自己一个人玩，你会在旁边一边做自己的工作一边陪伴他，随时帮他克服游戏难关。当孩子得到你这样的保证时，他通常能够安心地自己玩玩具或游戏。

纯粹陪伴但不陪玩

当你确定，只要你在孩子的视线范围内，他就能安心自在地自己玩时，你可以以"纯粹陪伴但不陪玩"的方式，把要完成的工作安排在同一个空间进行。

例如，孩子在玩的时候，你可以搬一张小桌子到孩子旁边，列出家庭购买清单、记账或做其他工作；或和孩子一起躺在床上，帮他准备一堆他喜欢看的故事书，让他自己阅读，然后你可以看自己的书；当你必须准备午餐或晚餐时，则可以为孩子准备一些蜡笔和纸，让他在餐桌上画画；当你必须到庭院除草时，就帮他准备小铲子、小水桶。当孩子能自在地自己玩，父母也可以放心地完成自己的工作。

帮孩子找个玩伴，或让他加入游戏团体

如果孩子天生不怕生，又喜欢与人互动，渴望能和其他小朋友一起玩，那就可以帮他安排参加游戏团体，或定期带他到游乐场，让他认识并习惯与玩伴交往。

平常在家时，则可以找一个小帮手来当孩子的玩伴，这样一来，孩子就不怕没有玩伴，而父母也可以利用这段时间把还未完成的家事完成，并坐下来喝杯茶、喘口气。通常邻居青春期的孩子都会乐意扮演孩子的玩伴角色，而孩子通常也会崇拜这些大哥哥或大姐姐。

05

敏感又脆弱的孩子,不要笑他是"爱哭鬼"

> 我儿子是个感情脆弱又敏感的小孩,每次做错事情被责备时,他就难过得好像快崩溃了一般,让我感到很内疚。我不知道该怎么说或怎么做,才能不伤到他的自尊又可以让他明白我的意思。

视孩子的性情来管教,就能收到最佳效果

父母其实不必为了这个问题过度焦虑。孩子和成人一样,也有他自己的个性。父母应该视孩子的性情来决定管教方式,如此才能收到最佳效果。如果孩子个性顽固又具有侵略性,管教的态度自然必须特别坚定、强硬,甚至比你感觉的还要更坚定;如果孩子的个性温和且讨人喜欢,就应该采取恩威并施的对应态度。

但是，如果孩子个性特别敏感，父母最好别给他太大的压力，温和对待也许是最好的策略。

当然，用温和的态度对待个性敏感的孩子，并不表示孩子就可以不守规则或不必被约束。虽然管教的技巧温和，不过于强烈与高压，不给予太重的惩罚，但前提是他必须守规则。

爱他，也要制订明确的规则约束他

管束孩子并不等于要收起父母对他的爱，父母若收起了对孩子的爱，不但会伤害到孩子的自尊，也会衍生出许多问题。

不论以强硬严厉的态度管束孩子，还是以温和劝说的方式管束孩子，父母都必须让孩子明白，即使他们的行为不对，你仍然深爱着他们，但为了他们可以更好，所以你一定要管束他。不过，父母对孩子的管束与期望，最好不要超过孩子的能力所及。

每个环境、每个家庭、每个孩子都不同，因此，在管束孩子时，也应该有不同的方式。但无论如何，都要制订明确的规则，并让孩子清楚知道规则的内容，如此方可避免父母对孩子责备、唠叨，导致情感脆弱的孩子无法承受。

不要直接批评孩子的个性，那会让他感到被贬低

管教孩子时，必须避免提高音量或严厉的语气。若可能，可以使用幽默的言语分散孩子的注意力，或使用其他非直接的方式。

向孩子解释或建议问题时，要有建设性，例如，对他说："你应该好好和妹妹说，请她把玩具卡车还给你，而不是打她，然后硬把玩具抢回来。"

批评孩子时，千万不要直接批评孩子的个性，那只会让孩子感到你在贬低他，应该针对他的行为来批评。例如，你可以对他说："打人就是不对。"但绝对不要批评他："你真的很坏，竟然打妹妹。"

别为敏感的孩子贴上"爱哭鬼"的标签

千万不要为个性敏感的孩子贴上"敏感"或"爱哭鬼"的标签，否则他将会背负这些沉重的阴影许多年，甚至一辈子都无法摆脱。当父母必须向别人解释孩子的敏感个性时，可以选择孩子不在场的时候进行。

许多父母会不以为然地为孩子贴上"爱哭鬼"的标签，因为父母会觉得孩子老是为了不重要的事掉眼泪，且在问明原因前就不理会孩子的啜泣。对于这个问题，父母应该花更多心思，更小心地处理。不论你认为孩子哭的原因有多么不重要，例如，他只是被轻轻碰一下就哭了，你仍必须对孩子每次的哭泣作出慎重的回应。这不只是为了保护孩子的自尊，也为了预防万一孩子真的被撞伤了。

一个表情或一个眼神，都足以让敏感的孩子学到教训

管束敏感的小孩，千万不要采用体罚的方式。对一个心思敏锐、感情脆弱的孩子来说，父母的一个白眼、一个失望的眼神或一个讶异的表情，都足以让他强烈感受到父母对他的不认同与不赞成。

　　吼叫、短暂丢下他或其他情绪强烈且激动的处罚方式，都是敏感的孩子所无法承受的。相反地，幽默及其他较柔性的处罚，不但能够得到较好的效果，也不会让孩子泪水涟涟。

06

个性胆小的孩子，要多鼓励但少保护

> 每次带儿子到公园或游戏场玩时，他总是一直待在沙堆区玩沙，不论我如何鼓励他或催促他，他就是拒绝去玩滑梯、跷跷板或秋千那些比较刺激的游戏器材。他好像很害怕尝试新事物。

尊重孩子内心的恐惧

并非每个孩童都不知道危险为何物，有些生性非常谨慎的孩子，对于某些游戏是具有危机意识的。例如，他会意识到，从光滑的滑梯滑下或把秋千荡到半空中，可能都有潜在的危险后果。

或者，他曾有过惨痛的游戏经验，例如，他永远无法忘记曾在某游戏场玩耍时，摔下滑梯或秋千的痛苦教训，使他至今仍无法鼓起勇气再玩那些游戏。

当然，也可能是他的同理心作祟，导致他不敢尝试那些游戏。例如，他曾目睹别的孩子从秋千上狠狠地摔下来，他害怕自己也会有同样的悲惨遭遇，所以不愿尝试那些游戏。

不论孩子不愿尝试新游戏的理由为何，父母都必须尊重孩子的感觉，绝不可忽视孩子内心的恐惧。每次带孩子到游乐场时，可以不经意地让他有试玩不同游乐设施的机会。一开始，父母要陪着孩子一起玩，例如，抱着他一起溜滑梯、荡秋千或坐跷跷板，等孩子慢慢克服内心的恐惧后，再鼓励他一个人玩。

但是，若是陪着孩子玩的过程中，他一直表现出很抗拒的样子，而且在玩过几次后便吵着不玩，父母就应该顺从孩子的意愿，并告诉他，等他觉得自己准备好了，可以随时回去玩。

如果孩子从头到尾都固守在沙堆里，那其实也是很好的游戏选择，应该赞美他盖沙堡的技术，而不要取笑他是个胆小鬼，不敢玩其他比较刺激的游戏器材。

耐心支持、鼓励，但不强迫

绝对不要强迫孩子面对恐惧，而要以温和的方式，一点一滴地协助孩子克服恐惧。对年幼的孩子来说，游乐场里的许多设施看起来很刺激，却可能太具威胁性。若是小型的室内游乐设施，就相对没有这样的问题。例如，儿童公园、朋友家里、儿科诊所等地方，都会有一些安全又不具威胁性的游乐设备，父母可以鼓励孩子使用这些设施，但千万不要强迫他。

另外，父母也可以通过描写面对恐惧的童话故事，让故事里的主角帮助孩子了解恐惧，以及该如何面对恐惧。但千万不要拿故事主角和孩子作比较。

千万不要批评孩子胆小、谨慎的个性。只要能够耐心地教导，并给予信心的支持，即使是个性胆小、谨慎又害怕冒险的孩子，迟早也能学会使用基本的游乐设施。仔细想想，至少这样的孩子不会让父母整天提心吊胆，父母不必像监视器一样二十四小时盯着他。

孩子鼓起勇气冒险时，父母要警戒但不过度保护

当孩子终于鼓起勇气尝试冒险时，父母只需在一旁保持警戒，但没有必要过度紧张或过分保护，以免助长孩子的恐惧感。如果孩子跌倒了，也不要过度反应，冲过去安抚他，他也许会自己爬起来继续玩。父母应该做的是，教孩子如何有趣且安全地使用游乐设备，并为孩子示范。

例如，教孩子如何安全上下楼梯，而不是害怕他跌倒而抱他上下楼梯。父母可以把孩子放在秋千上，示范如何利用双脚的力量让秋千摇动，而不是站在孩子后面帮他推秋千。教导孩子如何安全使用游乐设施，当孩子慢慢找到控制的诀窍时，他的信心和勇气也就会随之增加。

动不动就掉眼泪，有时是孩子想得到更多关爱

> 我儿子一直以来都是个快乐的孩子，唯一令我感到困扰的问题是——太爱掉眼泪。一天之中，总会有好几次，他会为了不同的事情落泪，而那些事在我们看来都很微不足道。我觉得他的敏感和脆弱的情况，已经到了一个极端的程度。

孩子爱掉眼泪，有时是父母过度反应与保护所致

不论是男孩还是女孩，一般说来，年幼的孩子都很爱哭。他们因为语言表达还不是很顺畅，于是哭泣便成了他们重要的表达方式之一，通过哭泣来表达内心的感受。然后，随着年纪渐长，语言表达能力越来越好，孩子哭泣的频率就会慢慢降低。

有些孩子之所以特别爱哭，是因为父母过度保护所致。当父母对孩子的身体、情感受伤表现出过度反应时，便会在不知不觉中鼓励孩子爱哭的行为。例如，看到孩子跌倒了，便立刻飞奔过去抱他起来，并不舍地对他说："跌倒了，好可怜哦。有没有哪里受伤？会不会痛？"又或者，一开始表现得无所谓，但一见到孩子开始掉眼泪了，便热切地对他投注过度的关注。这些反应都会让孩子产生错误的印象，以为哭泣可以得到父母更多的注意与关爱。

敏感的孩子容易把挫折放大，但不表示他不快乐

有些孩子特别爱掉眼泪，是天性使然，就像有些孩子天生就特别害羞、胆小、脆弱、活泼、积极或激进。而个性害羞、胆小、脆弱或敏感的孩子，在适应陌生环境与人际关系时，就得比一般孩子花更长的时间。

当大多数的孩子带着热情在体验生活时，敏感又脆弱的孩子却是带着极强烈的感情在体验。他容易把挫折放大，即使只是一点点小擦伤，玩具被拿走，或是自己不小心跌倒，都会让他觉得自己受到极大的委屈与挫折，于是放声大哭且久久无法控制。

敏感的孩子虽然很爱哭，但并不表示他不快乐。他的感情丰富，所以很容易哭但也很容易笑，而且比其他同龄孩子有同理心，观察力比较敏锐，也较能感受到别人的情绪，而这个优点将会令他一生受用无穷。

更何况，哭泣也没什么不好。哭泣可以令人较快地释放压力。

研究发现，会哭泣的人，不论在生理上还是在情绪上，都比无法哭泣的人来得健康。因此，不要完全制止孩子哭泣，但如果他是因为自卑感而爱掉眼泪，那就需要寻求专业的协助。

以同理心对待敏感的孩子，多赞美，少批评

个性敏感的小孩比任何人都容易感到受伤，取笑他的敏感、脆弱，对他是很残忍的打击，同时也会忽略他的正向性。取笑并不会让感情脆弱的孩子变得坚强、不爱哭，反而会加深他的孤独与无助感。父母应该抱持同理心与体谅，来回应这类孩子的痛苦。

自尊心强的孩子，感情上会变得更敏感，更爱落泪。所以，父母除了平时要敏锐观察孩子的情绪外，还要努力保护他的自尊心，要多赞美，少批评，称赞他良好的行为及成就。例如，赞美他："你好厉害，我才教过你两次，你就可以自己把衣服穿得这么好。"如果孩子做得不是很好，也不要抹杀他的努力，你可以对他说："你比上次穿得更好了！你这么聪明，我相信下次你一定可以把衣服穿得很整齐。"

千万不要启动孩子的哭泣神经

相信所有的父母都不会鼓励孩子哭泣，但是也不该处罚孩子哭泣。面对情感脆弱的孩子哭泣时，父母的应对方式是尽量保持中性态度，然后找一些孩子喜欢做的事来分散他的注意力，让他不再继续流泪。不要对孩子有过多的怜悯,那只会让孩子哭得更伤心。如果分散注意力这招无效,就适时提供安慰,有时,一个快乐的拥抱可以让孩子很快收起泪水。

父母的负面情绪会强化敏感孩子的沮丧情绪

不论大人如何努力隐藏自己的情绪,敏感的孩子都会比一般孩子更能感受到父母的焦虑、紧张、愤怒、沮丧等负面情绪。父母必须懂得适时释放自己的负面情绪,同时也不要刻意掩饰情绪。当你不安时,可以简单的语言向孩子解释,以防孩子胡乱地往负面方向猜测。不过,不需要向孩子过分详细解释,以防他因为大人的沮丧情绪而崩溃。

"害怕陌生人"是正常现象,别强迫孩子接受陌生人

> 我五岁儿子的性格非常胆小、怕生,每次只要不是家人靠近他,他就会迅速躲到我背后。我知道大多数的孩童都会害怕陌生人,只是,我儿子的状况会不会太严重了些?

"害怕陌生人"的问题无法可解,只能等其自然消失

年幼的孩子害怕陌生人是很正常的现象,这种现象称之为"怀疑陌生人"。当孩子脱离婴儿期、学步期,开始会思考时,他很容易患有"怀疑陌生人"的偏执症。由于孩子此时的思考逻辑比以前更复杂了,他的脑海中会出现各式各样与陌生人接触的可怕画面。

在这段时间,除了爸妈或同住的家人,任何其他成人都会被孩子视为潜在的威胁,就连不常见面的祖父母也无法得到他的信任。

孩子这种不信任或害怕别人的反应，有时会让父母感到尴尬，或是引起那些亲近孩子的人的不悦，但是父母也不要因此就认为这个习惯对孩子百害而无一利。仔细想想，如果孩子会随便跟拿饼干给他吃的陌生人走，那父母才真的要提心吊胆。

除了偏执地"怀疑陌生人"外，另一个令孩子躲到父母身后的原因，可能是他讨厌那个陌生人。试想这个画面：当一个陌生人突然走过来，没有征得你的同意，便毫不迟疑地摸你的头，捏你的脸，对你又搂又抱，还问了一大堆蠢问题时，你有何反应？我想任何一个成年人都会觉得不舒服，更何况是一个四五岁的孩子。

"害怕陌生人"这个毛病其实无法可解，只能等其自然消失。有些孩子会很快适应与陌生人的互动，有些孩子即使上了小学，依然对陌生人充满怀疑。但无论如何，父母还是要试着帮孩子度过这个时期，不能也不应该把孩子藏起来不让他接触陌生人。

不要强迫孩子接受陌生人的拥抱，要给他时间调适

当孩子拒绝陌生人的接触时，父母常会忽略孩子的感受，反而比较在意那些被拒绝的人的感受，尤其当那些人是亲戚、朋友或不想得罪的人时。在这种情况下，有些父母会强迫孩子接受陌生人热情的拥抱，当然，换来的是孩子的哭闹和眼泪。如果父母能站在同理心的角度对待孩子，尊重他的选择，并谅解他的恐惧，而不强迫他克服恐惧，孩子会感觉比较有安全感，也更能接受与陌生人互动。

有"怀疑陌生人"想法的孩子，当陌生人走到他面前想和他亲

近时，他会先躲开，然后仔细观察那个人。因此，当陌生人接近孩子时，父母不要阻止他靠近，但要求他先别抚摸或抱孩子，给孩子时间循序渐进地接近，这样孩子可能不那么害怕。你可以向急着拥抱孩子的陌生人解释："如果你慢慢接近他，给他时间调适心理，他会觉得比较安心。"

让孩子接触不熟悉的人，助他较快融入陌生世界

经常与外界及不熟悉的人接触的孩子，比较容易且快速融入外界的世界。例如，经常带孩子参加家族聚会，到超市、购物中心、各类型博物馆、动物园、游乐场，或带孩子搭乘大众运输工具，让他多点处在周围都是陌生人环境的机会，并与陌生人互动，让孩子慢慢放下心中对陌生人的恐惧。但如果孩子在外面仍不愿与任何人互动，也不要强迫他，就让他做他想做的事。至少，他愿意暴露在陌生人的环境中，就已经是一大进步了。

第六章

如何安抚情绪爆炸小暴龙？

——与其讲道理不如改变他的情绪

孩子闹情绪时，父母不要跟着起劲

> 我曾听说两三岁的小孩最难缠又麻烦，时常会毫无理由地乱发脾气。我知道女儿的年纪还小，无法和她讲道理，但是她的不理性、无理取闹的行为，已经快把我逼疯了。

孩子情绪反复是为了争取独立，即使做错也义无反顾

不似成人会把不如意的事或不好的情绪藏在心中，年幼的孩子总是毫无保留地，把情绪穿在身上与众人分享。当他们很快乐时，他们手舞足蹈、笑语盈盈；当他们感觉很骄傲时，你可以看到他们就像一只开屏的孔雀；当他们心情不好时，你就得做好接招的心理准备。

孩子当然有可能乱发脾气或无理取闹，这是孩子的天性之一。

在路上、餐厅里、玩具店里，我们不就常常看到孩子因得不到想要的东西而大哭大闹、又踢又叫，甚至直接躺在地上耍赖吗？两三岁的小孩的确难缠又麻烦，闹起脾气可能很火爆，也可能很温和。

拒绝在寒冷的天气穿上大衣；前一分钟才要求要吃什么食物，下一分钟却马上连一口都不吃；把最喜欢的故事书撕破后，立刻为了书本不再完好如初而生气。孩子这一切的反复无常的行为看似毫无理由，但其实通常都是有原因的——他们努力挣扎着想独立，即使知道自己的决定是错的，仍然坚持要自己做决定。

孩童这种追求独立的过程，虽然令父母、家人和他自己都痛苦无比，但他还是想要靠自己的努力找出解答方式。当然，除了追求独立之外，饥饿、疲倦或其他生理因素，也会让孩童变得不讲理。

想要和无理取闹的孩子讲道理是不切实际的，而且父母也不可以和孩子一起陷入情绪谷底。相反地，父母要帮孩子改变心情。

应付孩子动不动就闹情绪的有效方法：吃东西或休息

当孩子出现无理取闹的行为时，有效的方法应该是休息或提供给他食物。

当孩子因饥饿或疲累而开始翻天覆地地吵闹时，和他讲道理无疑是对牛弹琴。这个时候只有先满足其基本的生理需求，才能让他安静下来。不过，在此之前，父母要记得先把自己喂饱，以免自己在被饥饿冲昏头的情况下，和孩子一起陷入难以控制的激动情绪中。

别中了孩子的诡计，也不让他无理的行为变成常态

一个不讲理、爱闹别扭的小孩，会想尽办法挑起父母的情绪，所以千万不要中了他的诡计，不要给孩子任何机会挑起你的情绪。你可以用友善的方式隔离或转移孩子的情绪，例如，提供他最喜欢的东西或食物振奋他的心情。如果这不能持续很久，也不要放弃希望，稍后再提供一些他更喜欢的东西。

除了不中孩子的诡计之外，也不可以允许孩子不讲理的行为变成常态。例如，当你准备要开车到商场采购东西时，孩子却拒绝坐进车内，这时你可以容许他拳打脚踢一下或尖叫几声；或者，当他心血来潮地把屋里所有够得到的书都扫落在地上时，带他外出逛街或到游乐场分散他的注意力。

总之，绝对不允许孩子持续不讲理的行为，也不允许这样不讲理的行为变成常态，以免因他的发飙而影响了其他家人的生活。

以幽默的方式回应，并让孩子体验闹情绪的后果

用幽默的方式回应，让孩子的大脾气无用武之地。为了不被孩子逼得狗急跳墙，父母可以转换念头，以自娱的方式看待孩子不讲理的滑稽行为。要不断提醒自己"一切都会过去"，才能保有乐观的心情。当父母以愉悦心情回应孩子的难缠脾气时，他的坏脾气也就没有太多发挥的空间。

用你的幽默、愉快情绪，化解那个正纠结在一起的小小眉头；用你的微笑迎接他的喃喃抱怨；用你滑稽的表情面对他的苦瓜脸，但不要让孩子觉得你在取笑他。

在不危及孩子的安全与健康，也不影响家人的生活的前提下，尽可能让孩子体验其不理性行为所造成的后果。例如，孩子在寒冷的天气里却坚持不穿外套时，就让他体验出门时有多么冷；如果孩子拒绝乖乖吃东西，就让他感受一下饥饿的感觉；如果孩子把自己最喜爱的故事书撕破，那么他就再也无法看到那本书。

也许孩子必须经历无数次"错误与学习"的教训过程后，才会修正其不理性的行为，但总有一天他会了解父母的苦心。

只会对父母发脾气，是因孩子感受到充足的安全感

> 和保姆或幼儿园老师在一起时，我五岁大的儿子是个很讨人喜欢的宝宝，表现得很听话、很配合。但是，只要看到我们下班回家，他就开始大发脾气。这到底是怎么一回事？

知道父母绝不会离开自己，才敢对他们宣泄情绪

孩子就只会对父母发脾气，这种情形虽然对父母而言是一种酷刑，但其实他们才真该为孩子的大发脾气而感到受宠若惊、暗自窃喜。正因为孩子爱父母，和父母在一起时，他感受到充足的安全感，也知道就算自己失控了，父母也一样爱他，不会离开他。因此，当他在保姆、幼儿园老师面前表演乖小孩一整天后，对父母发一顿脾气，是他宣泄的方式。

有些孩子会把他所有最可怕的行为都保留到父母面前表现，是因为他想在父母面前争取独立。他觉得必须和最亲近、最依赖的人稍微隔离开来，如此他才能从父母那里争取到属于他自己的地位与领地，也才能巩固他的自主权。

对下班后的父母大发脾气，可能是孩子仅知可以最快吸引父母注意力的唯一方法，因为只要他大发一顿脾气，父母就会丢下一切事情来关心他，即使他白天和保姆或老师都玩得很高兴，他还是可能这么做。此外，孩子脾气爆发的原因也有可能是疲劳或饥饿。

世上没有任何仙丹可以治疗孩子的坏脾气，也没有任何神奇的管教方法可使坏脾气完全消失。尽管如此，父母还是可以改变或减少孩子这些坏脾气的产生。

父母如果也情绪失控，孩子就更难冷静下来

父母必须保持冷静。天底下最能够点燃孩子怒火的导火线，就是父母大发脾气。当孩子看到父母情绪失控时，他就更难恢复自己的冷静。再者，父母大发脾气也可能会吓到孩子，使他们怀疑失去了父母的爱。情绪失控而无法冷静的孩子，非常需要父母的冷静影响力与无条件的爱的保证。也许你保持平静的做法无法得到立竿见影的效果，而你也实在不容易做到，但是孩子终究会看到你的努力，而逐渐增加自我控制。

转移孩子的注意力。有些孩子因被哄骗而转移注意力时并不会

生气，有些则会因大人试图使他分心而更生气。如果你的孩子被转移注意力而不会生气，那就在他不讲理的时候，拿出他最爱的故事书、拼图玩具，然后试着让孩子和你一起坐下来，为他读故事书或和他一起玩拼图。

被孩子闹到快崩溃时，就先离开现场整理情绪

当遇到某个特别严重、可能会导致脾气爆发的情况后，或者你已经度过非常糟糕、难熬的一天后，回到家里还要面对孩子的愤怒尖叫声，相信任何父母都很难维持冷静的情绪，但是你也无须因此而有罪恶感。

这个时候，最明智的解决方法就是暂时离开现场，但必须确定孩子仍安全地在你的视线范围内，等到你调整好自己的情绪后，再来处理孩子的脾气。

还有，当孩子在脾气发作时，不要和他争论或对他讲道理，那是没有用的。一个已经失去控制的孩子，根本听不进任何道理。所以，把你要对他讲的道理留到他比较理智的时刻再讲吧！

你的语调越平静温和，越能控制孩子的情绪

语气轻柔地对孩子说话。如果父母也和孩子一起陷入低潮情绪，想以尖叫声来盖过孩子的尖叫声，最后只会逼得孩子叫得更大声，因为你让他变成舞台上的主角。只有你用温和的语调，轻声地对他说话时,才能控制一切状况,也才能帮孩子恢复冷静的情绪。

再者,当你轻声说话时,处在愤怒尖叫声中的孩子会因为听不见你在说什么,自然地就安静下来,好奇地想听清楚你在说什么。

不作任何回应,就是熄灭孩子怒火的最好方法

处理孩子乱发脾气的最好方法,就是不采取任何行动。任由孩子在一旁发脾气,他或许可以很快就以自己的方式恢复自制。有些育儿专家称此种方法为"消除法",尤其是在孩子的要求完全不可理喻时十分管用,如果你察觉孩子知道自己的要求不可理喻时更是有效。

当孩子大吼大叫时,你的反应就是继续做你自己的事——大声地哼哼唱唱来压过尖叫声,且明白表示你不在乎他的脾气。在你开始故意忽视孩子的坏脾气时,孩子的坏脾气可能会变得更严重,但当他发现没有听众,自己的坏脾气也起不了什么作用时,他发脾气的频率自然会减少。

总之,无论你决定如何处理孩子的坏脾气,永远不要在此时屈服于孩子的要求。如果你屈服了,孩子便会经常利用他的坏脾气来达到自己的愿望。如果你打算说"好",那最好在孩子发脾气前就答应他,省得陪孩子上演一场情绪火爆秀。

孩子以自我伤害发泄愤怒,父母要冷静应对

> 我儿子有时会因需求得不到满足,就气得捶打或咬我们。每次他打我或咬我时,我就会气得不假思索地还手或还嘴,结果惹得他更生气。当他大闹脾气时,有时会气得屏住呼吸。像前几天,他就因为憋得太久而暂时失去知觉。我很害怕他会因此伤到自己。
>
> 我知道我的回应方式很不成熟,但我好像也和儿子一样,无法控制自己的情绪。我们该怎么办?

孩子做出恼人的行为时,不要冲动得想以牙还牙

绝大多数的父母在面临孩子做出恼人的行为时,都很难保持冷静、沉着,尤其内心那股想还手的冲动可能强到盖过了理智。这种想以牙还牙、以眼还眼的报复冲动是正常的,大部分父母难免会有这样的冲动与念头,但是你绝对不可以真的付诸行动,否则只会让情况变得更难收拾。

如果你采取报复的手段来回应孩子的脾气,无异于在教孩子用错误的方法处理愤怒及沮丧,更何况,这么做也会吓到孩子。而且,万一你的情绪失控了,很可能就会演变成虐待儿童。

当孩子激起你的负面情绪时,你可以用手轻轻打他的屁股或手。你不需要为这个动作而背负罪恶感,但打过之后一定要马上道歉,并向他解释你打他的原因。例如,对他说:"我很抱歉打了你,可是我实在太生气了,气你常常打我和爸爸。"

如果你是因为担心孩子的安危而非情绪失控才打他,你可以向他解释:"当你跑到马路上时,你知道我有多么担心你会被车子撞到吗?我打你是因为你吓到我了,你以后绝对不可以再像那样跑到马路上。"

对孩子的自我伤害手段让步,会让他得寸进尺

下面谈谈孩子生气时爱憋气的问题。的确,看到孩子憋气到几乎失去意识,一定会把父母吓得魂飞魄散、心疼不已。但它唯一可能造成的伤害,其实是父母的心痛与神经紧张。

憋气的行为一般会出现在三岁左右的孩子身上,而且大多是哭得太激烈或一阵突来的狂怒所导致的。孩子的强烈怒气会导致他开始不呼吸,直到嘴唇因缺氧而变蓝,若憋得再久一点,皮肤会变蓝

甚至转白,然后失去意识。失去意识是一种身体的自卫反应,可以促使呼吸重新开始正常循环,而不会对身体造成伤害。因为有这一层保护,孩子便不会因为憋气而受伤。

孩子憋气除了造成父母的神经紧张外,还会引发另一个负面效应——宠坏孩子。往往,父母即使知道憋气不会对孩子造成伤害,但看到孩子憋气时,还是无法克制内心的紧张。为了避免孩子继续这种自残行为,他们会不再坚持对孩子的要求,而这也使得孩子很快就学会把憋气视为一种控制父母的手段,进而对父母予取予求。最后,不但造就了一个蛮横不讲理的"小皇帝",也造就了一个不会处理挫折、情绪沮丧且无法面对现实的小孩。

让孩子知道生气是正常的,但绝不可破坏规则

让孩子知道生气是正常的情绪,生气或说出自己很生气并没有错,但不可以用打人、咬人、推人、扯头发或打父母等暴力方式,表达自己的愤怒情绪。

父母必须以平静但坚决的态度来应付孩子的坏脾气,不论看到孩子可怜的模样时,有多么想放弃,或多么想让步,只要孩子不肯停止哭闹,父母就绝对不可以让步。一旦对孩子的脾气退让而满足其无理要求,父母无异于鼓励孩子继续利用发脾气的方式来获得所需,这只会让孩子食髓知味,后患无穷。

引导孩子用较好的方式发泄情绪，并给予足够的机会发泄

鼓励孩子用较好的方式发泄挫折、愤怒等情绪，并确定你有给孩子足够的机会发泄。当孩子生气时，你要承认他的感觉，对他说："我看得出来你很气我不让你去公园玩，你可以气我，生气是没有关系的。"并鼓励孩子把情绪说出来："你要不要说说看，你有多生气？说出来会使你好受一些。"再不然，你也可以提供实质的东西让孩子发泄怒气，例如，捶打枕头、搓捏黏土等，帮助孩子重新找回自制力。

生理、心理与情绪长时间受限制的小孩，就像一只长时间沸腾的茶壶，随时会爆炸。鼓励孩子尽量以语言表达其挫折或愤怒，或用较为人们所接受的方式进行发泄。如果孩子的语言表达能力不纯熟，就帮他表达："你是因为这幅拼图老是拼不好所以生气，对不对？"

只要孩子能够平静下来，即使他还是满脸怒气，父母都要记得赞美一下他的合作。

打人,是因为不知如何处理挫败的情绪

有时候,我会和儿子幼儿园同学的几位妈妈相约聚会,当几个孩子在一起玩的时候,我们几个妈妈就可以彼此交换教养的意见与心得。

但有好几次,我儿子和玩伴发生冲突,甚至还出手打人,令我十分难堪。我该如何导正他这种情绪一上来就动手打人的坏习惯?

打人并非预谋或恶意,只是还不具备同理心

年幼的孩子出现打人的行为,通常都不是预谋或恶意的。由于孩子不懂得如何控制自己的情绪,在与其他孩子发生冲突时,会因为不知该如何处理挫折的情绪而出手打人,或直接撞开挡在他前面的孩子。

但是,无论孩子是否在生理或情感上伤害了他的同伴,父母都不能把他的行为解释为无情的举动,因为这个年纪的孩子根本就不知别人也是有感觉的。这个时期的孩子还无法拥有同理心,有时候,他挥拳打哭玩伴,只是想知道这样的举动会带来什么样的后果。

当孩子动手打人时,父母必须以非常严肃且坚定的语气告诉他:"不准打人!打人会痛,那是很不好的行为!"如果是自己的孩子被打,则要安抚他:"被打很痛,所以我们不可以打人!"同时也要采取实际行动支持我们的说法,把打人和被打的孩子分开,结束当下的游戏,并重新开始另一项游戏,以分散两个孩子的注意力。

如果两个或其中一个孩子的情绪一直无法平静,就把其中一个带离游戏现场,或制订游戏规则以维持秩序。

约束孩子打人,必须视孩子的个性与当下的气氛而定

约束孩子打人的方法很多,但不见得每个方法都有效,还必须视孩子的个性与当下的气氛而定。其实,大部分的孩子很早就体认到一个事实,就是顽皮的小孩比较能引起父母的注意。例如,孩子会觉得爸爸整晚都在看报纸,如果他当乖孩子,爸爸就只会摸摸他的头说他很乖,然后就整晚不关心他了;但如果他把报纸撕破了,爸爸应该就会注意到他了。因此,当孩子表现良好时,父母应该特别给予鼓励,以强化孩子的正向行为。

不要对孩子打人反应强烈,以免他变本加厉

当孩子为了引起大人的注意而故意犯错时,父母不必有强烈的反应,或是负面的反应,以免孩子觉得他做对了,以后为了引起父母的注意而变本加厉。但当孩子听从你的指示时,也千万别吝惜给他赞美。

对孩子的良好表现不需过度赞美与鼓励,但对他的不佳表现也无须大惊小怪。其实,当父母给予孩子足够的关心时,孩子就不会为了得到父母的关心而借故犯错。

孩子打人要立即处罚,他才能联结两件事的因果关系

对孩子的处罚要立即且适当。当孩子打人而父母却未立即处罚,而是等到回家后再处罚孩子,孩子往往会因为无法联结两件事的因果关系,而对自己被处罚感到莫名委屈。如果孩子在玩游戏时打了其他小朋友,父母就应该立刻采取处罚的行动,但处罚的程度必须适当,不要超过他所能承受的程度。例如,他在溜滑梯时打了其他小孩,就立刻规定他半小时内不准玩滑梯。

祭出"暂停"罚则,让孩子冷静并重新整理情绪。绝大部分的孩子都很害怕这项处罚。"暂停"最主要目的是让孩子冷静,重新控制自己的情绪,同时反省自己所犯的错。在经过一段时间的安静后,通常可以缓和孩子潜在的爆发情绪,以免让事情愈演愈烈,甚

至演变至危机的程度。

至于"暂停时间"的长短,需要视孩子的个性而定。对年幼的孩子而言,时间是非常缓慢的,有些孩子只需处罚数秒钟,他就觉得有如一辈子那么久,有些孩子则需要十分钟的时间。如果孩子还不会看时钟,可以用沙漏或设定闹钟的方式,只要沙子漏完或闹钟响了,处罚就结束。如果孩子在处罚结束后,还未记取教训,很快又再犯,父母可以再来一次"暂停"。

孩子对任何事情都说"不",其实并非叛逆

> "不",已经变成我们那五岁儿子的口头禅了,因为不论我们教他做任何事或问他任何事,他总是回答"不"。一开始,我们还觉得他的反应可爱又有趣,但现在我们的耐心已经渐渐被耗掉了。

因为摇头比点头简单,所以孩童喜欢说"不"

每个小孩学会的第一句话也许是"妈妈",但"不要"这句话,却很快变成他们最喜欢的字眼,这种情形其实是正常且健康的,父母大可不必为孩子的这个习惯过度担心,只要确定日常生活中不要动不动就对孩子说"不可以",并在适当的时间赋予孩子一些权力,这个问题应该就不会持续太久。

事实上,孩子在刚开始说"不"时,大都只是一种生理机能的表现而已,因为"不"只需把头左右摇动,比把头上下摇动的"是"容易多了。因此,在日常生活中,你听到孩子说"不"比"是"的机会大很多。

说"不",是在试探父母的权威

但父母若未及时导正孩子爱说"不"的习惯,时日一久,孩子的反抗性会从生理机能因素转变为心理因素。

虽然孩子也偶尔会说"是",但他绝大部分的时间宁可说"不"。这并不是因为他生性顽固,而是因为这个简洁又有力的"不",让他可以向父母及世人骄傲地展现他对自己身份的新发现——他现在是小大人了。

他喜欢重复、不停地说"不",向世人透露他即将拥有的独立性与自主权,同时也借此试探父母的权威。他用"不"向父母宣告他的独立与解放。举凡父母对他的要求、命令、限制,他的对应方式全都是"不"!

对此,父母也不必感到难过,因为你并不是孩子唯一反抗的对象,其他还包括了保姆、兄弟姐妹,甚至是玩伴。孩子为了保有自己的个体独立主权,会对自己的东西表达强烈的占有欲,也会以强烈的方式保护自己的东西,对抗任何想拿走他东西的人。

孩子的反抗行为并非缘于对抗父母,而是因他们开始进入人生的第一个叛逆期所致,叛逆是他们表达自我、建立自我定位的一种形式。

不做孩子的负面榜样,并鼓励其正向行为

父母是孩子人生中第一个学习的对象,对孩子品格的影响非常深远。身教重于言教,与其禁止孩子不可以说"不"或使用否定性字眼,还不如从自身做起,成为孩子良好的模仿典范。当父母听到孩子总以"不"来回答一切问题时,别急着纠正或告诫他,应该先检视自己是否做了孩子的坏榜样。

鼓励并强调孩子的正向行为,会比处罚负面行为更能有效改善其不良习惯。同时,不要因为孩子的反抗而处罚他,他的年纪虽小,但也有权利说"不",若每次孩子反抗就会受到处罚,只会让亲子关系走向两败俱伤。

聪明的父母会懂得,有时也要对孩子让出支配与控制的权力,而且事后会发现,当孩子有越多机会决定自己的事情时,他们就越不需要强迫自己争取说"不"的权利。

给孩子选择权,但没有选择时就别给

当你发现孩子老是以"不"来回应你的所有要求或命令时,你就应该修正自己平日与孩子对话的措辞。你可以用"给予选择权"的方法,来改变孩子说"不"的习惯。例如,以前会询问或要求孩子:"要不要穿毛衣?""把毛衣穿上,好吗?"现在则可以换个方式问:"你要穿你最喜欢的蓝色夹克,还是那件有帽子的红色漂亮外套?"

大多数的孩子都是直线思考，当父母给予孩子选择权时，孩子便会从提供的选项中做选择。当父母直接要求孩子洗手时，孩子也许会直接回答"不"，但如果问他："你想用香香的香皂洗手，还是用滑滑的洗手液洗手？"孩子会很乐意做选择，因为这让他觉得自己有能力掌控自己的生活，也就不再为反对而反对了。

当情况毫无选择空间时，就不要给孩子提供选择权，不要让他有机会讨价还价。父母必须清楚地让孩子知道，不论他高不高兴、愿不愿意，他都只能照着父母的要求做。例如，不论孩子玩得多么兴奋投入，当到了该回家时，不要问他："我们是不是该回家了？""你现在想不想回家？"而是直接告诉他："回家的时间到了。"

孩子讨厌听父母说"不",所以要慎选说的时机

> 我的女儿虽然很喜欢对我们说"不",但却非常讨厌听到我们对她说"不"。当我们对她说"不"时,她总是不当一回事,有时不理会我们,有时候会咯咯笑,以为我们只是在开玩笑,然后她依然我行我素地玩她的玩具或游戏。

关键或必要时刻对孩子说"不",才能见效

大多数孩子都喜欢用"不"来回答父母的问题与要求,却非常讨厌父母用"不"来回应他们的要求。对寻求人格独立与主权的年幼孩子而言,父母所回答的"不",是代表对他的拒绝与否定,深深威胁他努力追求独立过程中的自我肯定。在孩子的眼中,接受并服从父母所说的"不",就等于承认父母的权威。于是,他们选择以试探父母权威的方式来代替承认父母的权威。

当孩子有这种讨厌听到"不"的坏习惯时，父母在回答孩子时，就要慎选说"不"的时机。对父母而言，孩子年幼不懂事，会担心他做出危害自身安全与健康的行为，所以经常会对孩子说"不"。但当这个"不"使用得太频繁时，久而久之，孩子就会把它当成耳边风，对它听而不闻。所以，为了确保"不"能得到实际的效果，父母应该在关键或必要的时刻才对孩子说"不"，以免因过度使用而压抑了孩子对环境的好奇与探险。

父母减少对孩子说"不"的方法，就是把家里变成一处安全的场所，例如，把高价的古董收起来，把尖锐的桌角加上保护套，把昂贵的音响移到高架子上，把浴室的门加上锁，把药品收到孩子够不到的地方……如此一来，也就没必要频频对孩子说"不"了。

让孩子明确知道规则，且不去预测他会犯错

让孩子知道规则的存在，了解规则存在的理由，他们会比较容易遵守。尽可能分析道理让孩子了解，例如，告诉他："饭前要洗手，以免脏东西掉进食物里。""别碰电锅，因为电锅很热，你的手会被烫到。""别拉小狗尾巴，因为小狗会痛，而且会咬你。"但分析时，语言要尽可能简单，太长、太复杂的解释会被孩子当成耳边风。

不要预测孩子会闯祸，就急着对他大喊"不"。当你看到孩子朝桌上装满水的水杯冲过去时，别急着对他大叫："不可以碰水杯！"

而要等到他真正伸手碰触杯子时,再制止他。事先预测孩子会犯下严重的错误,只会让亲子关系陷入对峙的状态。因为父母的预测举动,会让孩子觉得不被信任。当然,如果孩子前进的目标是危险物品,就不必等待了,要立刻制止他。

坚定地说"不",并立刻制止

这是一场亲子关系的角力战,当孩子看到父母生气或愤怒时,孩子就会觉得自己获胜了。他会认为,爸妈被我打败了,所以才会这么生气。因此,对孩子说"不"时,父母要态度冷静、口气坚定,如此才能展现父母的威信。

坚定地对孩子说"不",并立刻采取行动制止他的行为。假如孩子正要伸手碰热水壶时,父母在对他说"不可以碰热水壶"的同时,也要立刻把热水壶拿走。如果只是口头警告却未采取实际行动,那么下次当同样的情形再发生时,他就会对"不可以碰热水壶"听而不闻了。

肯定并赞美孩子的配合

以肯定的态度对待孩子,会比以否定的态度更能收到正向效果。例如,当发现孩子在墙壁上、沙发上乱涂鸦时,与其严肃地呵斥他"不要在墙壁或沙发上乱画画",还不如拿一张巨大的白纸贴在墙壁上,然后鼓励他说:"试试看在白纸上画画,你的图画一定会比墙壁上的更漂亮，也会比沙发上的更好看。"

　　当孩子接受并听从你的要求或指令时，请记得一定要赞美他。如此，以后他想画图的时候，自然会要求你帮他在墙壁上贴画纸。

第七章

如何回应孩子烦人的"为什么"?

——即使只是他的口头禅,也不可忽略

01

不停地问"这是什么",是孩子获得关注的手段

> 四岁的儿子每天都有问不完的问题,一天中会问上上百次的"这是什么"或"那是什么",令我感到烦不胜烦。有时候,我发现他并不是真的想知道答案,或想要认识他所问的那些东西,他只是想要吸引我的注意,或者想消磨无聊的时光罢了,甚至同一样东西,他也会重复问上好几次"这是什么"。我真拿他没办法!

好奇心的驱使与为了博取父母的关注

几乎每个孩子到了三岁以后,都会像只鹦哥模仿人类讲话一样,不停地问:"这是什么?""那是什么?"通常,孩子会重复问同一个问题,大都基于好奇心的驱使,但有时则是为了练习语言技巧。

对一个正处于学说话阶段的孩子而言，使用词组问"这是什么？"或"那是什么？"要比说单一的字更有成就感，而且不断重复使用那些词组，会使他的成就感更往上推升。

另一个使孩子就像一台跳针的留声机一样，不断重复某句话或某个问题的动机是博取大人的注意。如果孩子观察发现，当他大叫"狗狗"时，得到的回应只是点头或一声"嗯"，而当他开口问"这是什么"或"那是什么"时，却可以得到父母较为实质而持续的回应，那么，他当然会选择发问的方式，以得到父母更长时间的关注。

等孩子再大一些时，他就会厌倦老是问"这是什么？"或"那是什么？"而开始展开他的另一项挑战，也就是开始不停地问："为什么？"

为了快速掌握日常生活常识而问个不停

不论孩子一天会问多少次"这是什么"或"那是什么"，父母都要有耐心地回答孩子的每一项问题，毕竟这是让孩子快速掌握日常生活常识的最佳方法。父母的耐心回答，除了能满足孩子的好奇心，帮他掌握词汇与知识外，也会让他感受到自己被关心与被爱。

孩子明知故问时，父母可以用问题来回答孩子的问题。当孩子指着某项物品，不停问你"这是什么？"或明知故问时，他可能是因为觉得无聊或需要有人陪伴，才会有如此行为。这时，父母切勿故意不理会他,还是必须耐心地回应,不过可以反过来问孩子:"你觉得那是什么?"如此一来,你就不必一再重复烦人的答案,同时也可以让孩子思考,并自行说出事物的名称。

02

催咒似的问"为什么",可使孩子得到成就感

我女儿每讲两句话,就会问我一句:"为什么?"即使她早就知道答案,她还是会明知故问。我如果不理会她,她就会变本加厉,念经似的不停地问:"为什么?为什么?为什么?"有时,我都觉得我的头上好像戴了个紧箍一样,被她念得头都快要爆炸了!

好奇生活中全新的人、事、物,所以爱问"为什么"

所有的幼童都爱问"为什么",这是再自然不过的事,即便是他每天都要重复做的事情,或他早已习以为常的事,他也一样要问"为什么"。例如,他会问:"为什么要吃饭?""为什么要睡觉?""为什么要穿衣服?""为什么皇后要害白雪公主?""为什么爸爸要刮胡子？"

孩子不停地问"为什么"，有时候是因为在生活中接触新的人、事、物，他需要一个解释，好让他可以掌控环境，并满足他满脑子的好奇心与学习欲望。另一个让孩子不停问"为什么"的原因，则是在问与答的过程中，他可以得到无限的满足感，甚至成就感，即使那些答案他早已经知道。

习惯无意义地问"为什么"，只为得到更多关注

渴求知识及增进沟通能力，并不是孩子问"为什么"的唯一原因。由于孩子很快就发现，问"为什么"不但可以满足好奇心与学习新知识，还可以得到父母更多的关注，所以，他会开始问他早已熟悉或无意义的事情。到了最后，问"为什么"就会成为一种习惯，甚至变成孩子的口头禅。

随着孩子沟通技巧的发展，无意义的"为什么"就会消失。但在此之前，虽然孩子的好奇心可能会使你失去耐心，但别忘了，它其实是孩子最有价值的学习工具。

漠视孩子的"为什么"，会压抑其好奇心与学习兴趣

或许父母有时会为了纠正孩子把"为什么"当口头禅的坏习惯，而故意忽视孩子的"为什么"，但这并不是好主意，这样做不仅会压抑孩子天生的好奇心、学习兴趣，也会阻止孩子想沟通的欲望，

更加重孩子的挫折感。对一个还不大能控制环境的小孩而言，无法获得问题的答案，很容易使他产生无力感。

感到不耐烦时，就花一点时间冷静下来，并找回耐心。当被孩子问到不耐烦时，先闭上眼睛、深呼吸，安静十秒钟，你就能再次找回内在的耐心，并找到一个和"为什么"三个字一样简短的简洁答案。又或者，你也可以学学孩子，把"你认为这是为什么"当作你的口头禅。任何时候当你的不耐烦情绪升起时，你就平静地回答孩子："你认为这是为什么？"让孩子慢慢思索答案，同时也利用这段时间调整情绪。

第八章

如何引导孩子的性疑问？
——帮他上一堂生理课，而不是性教育课

孩子焦虑自己的小鸡鸡会消失，父母应诚实解释

> 有一次，当我在帮刚出生不久的女儿换尿布时，儿子发现小妹妹竟然没有小鸡鸡。从那之后，他便开始害怕自己的小鸡鸡会不见。
>
> 尤其是儿子在和他爸爸一起洗过几次澡后，他的心情变得更沮丧，因为他发现他的阴茎比爸爸的小很多，便更确定他的小鸡鸡有一天会真的不见了。我真不知道该如何向他解释，才能化解这种尴尬。

拥有健康的性态度，才能教授孩子正确的性知识

所有的小男孩都会担心自己的小鸡鸡不见，而所有的小女孩都会怀疑自己为何没有小鸡鸡，这种焦虑与好奇是再常见不过的现象。

然而，这也是许多父母不知如何应付的尴尬问题。其实，父母大可不必感到尴尬或难以启齿，只要你对"性"的态度是成熟且健康的，就能够教授孩子正确的性知识。

不论小男孩还是小女孩，解除他们的焦虑、疑惑与好奇的唯一办法是拥有权——拥有他们所没有的东西，包括玩具、饼干、在沙地玩的位置以及身体器官。当孩子发现身体器官中出现"他有"与"我没有"的区别，当然会为这种不平等深感困扰与好奇。该如何回应孩子这种对"性"的焦虑与好奇呢？下列所建议的几种方法，可帮助父母轻松应付。

诚实地帮孩子上一堂生理课

对于患有阳具焦虑的小男孩而言，只要你帮他上一堂简单且清楚的生理课，他的恐惧马上就会烟消云散。你只需告诉他，每个小男孩天生就有阴茎，而且永远不会消失不见；若是小女孩，就告诉她，每个小女孩天生就有阴道，也是永远不会消失。

如果你担心无法解释清楚，也可以准备一本简单、适合儿童阅读的人体构造书籍，内容包含男孩与女孩、男人与女人的基本性别差异，它可以帮助你更清楚地对儿子解释，并厘清他的疑虑。

当儿子为了他的阴茎比爸爸小而感到沮丧时，就诚实地告诉他，因为他只是小男孩而已，所以阴茎小。就像他的手、脚、腿、臂、鼻子、嘴巴也都比较小一样，并带他一道在镜子中观察他和爸爸的鼻子、牙齿的大小尺寸。同时，比较他和爸爸的脚的尺寸、手指长短和手的大小。并告诉他，等到他长大以后，他的阴茎也会长大，到时候就会和爸爸的一样。

孩子未主动提出性问题，就别急着和他讨论

每个年幼的孩子都会对性器官感到好奇，女儿迟早也会问，为什么她没有阳具。但是，这还不是口沫横飞地给孩子灌输性知识的时候。在他们还未提出这类问题之前，都没有必要主动与他们谈论，但当问题一旦来临时，父母就得做好周全的准备。

目前，父母所要做的就是安抚孩子的恐惧，并举例一些关键事实让她明白她为何没有阳具。告诉她，只要是男生，像爸爸、爷爷、哥哥或弟弟都有阴茎；而只要是女生，像妈妈、奶奶或其他女生，都有阴道。因为男生和女生本来就不一样，你还可以利用图片进一步辅助你的解释。

02

孩子爱探索私处是暂时行为，无须过度焦虑

> 不知从什么时候开始，我那两岁半的儿子会把手放到裤子里摸他的阴茎，也会在房间内和玩伴互看对方的阴茎。他还会问我，为什么当他摸小鸡鸡的时候，它就会变大。我还真不知要如何向他解释。
>
> 我知道对幼童来说，这是正常的现象，但我就是感到很困扰，尤其当他在公共场所这样做时，我更不知道该如何处理。

孩子探索私处是正常行为，五岁后便会自然停止

如果幼童对周遭的事情不会充满好奇，不会追根究底地问"为什么"，那么他们就不是幼童了。更别提，当他发现某个与自己如此亲近的东西时，会感到多么讶异与好奇了。

幼童在学会上厕所之前，他们的私处都被尿布包着，所以触摸不到，但在摆脱尿布改穿裤子后，轻而易举地便可以碰触得到。对年幼的孩子而言，任何探索都是正常的行为。因此，当小女孩在探索自己的私处时，她的态度就与她探索自己的手指、脚趾、肚脐及耳朵一样天真无邪。

小女孩喜欢探索自己的私处，父母该如何应对

在强烈的好奇心的驱使下，小女孩会开始探索自己的私处，并且会发现碰触私处的感觉很奇妙，而这种奇妙的感觉促使她忍不住一再地把手伸到自己的私处。

在大人看来，他们会把小女孩这个动作解释为手淫；但对幼童来说，这种碰触的感觉是愉快而不是性。包括小男孩碰触自己的阴茎也是如此。

如果父母因此而整天监视孩子，要他把手拿出来、不准碰触私处，如此除了会令孩子更着迷于碰触之外，同时也让他觉得，他所发现的愉快感觉是肮脏、邪恶，而不是正常且健康的。

如何应对小女孩探索自己的私处？如果是在家里，就忽视它。但如果你发现她在游戏团体中或和玩伴在一起时，仍老是把手放在裤子里，那么你就必须试着诱导她玩其他动手的活动，同时想其他的解决方法。

总之，在公共场所碰触自己的私处，无论如何是不应该被允许

的,更不能被鼓励。这并不表示她的行为有什么错,只是在公共场所的确很不合宜,除了可能引来其他家长的批评外,也会引起一些恋童癖者产生冲动,以致发生危险。因此,父母最好尽早教导女儿分辨"隐私"及"公开",以及哪些事情可以在公共场所进行,哪些事情不可以。

针对小男孩的性疑问,父母要据实回答

至于小男孩好奇自己的阴茎为何会变大,父母也该据实回答。幼童所提出的任何问题,他都有权得到诚实的答案,包括阴茎变大的问题。

不过,"诚实回答"并不表示父母必须给予医学或性方面完整的答案,这种完整且专业的解释,并非幼童所能理解,而且可能还会吓到他。父母只要告诉他,阴茎中某个物质会在碰触后变大,而且阴茎是隐私的,所以他只能在独处时碰触它。同时,也要叮咛孩子,除了父母帮他洗澡或医生为他检查时可以碰触之外,绝对不可以随便让人看或碰触它。

正常而言,幼童喜欢探索私处的行为是暂时的,一旦有新的挑战吸引他们的注意力,他们自然就慢慢不再对私处那么好奇。事实上,四至五岁后,幼童大概就对私处不再感兴趣了,许多五六岁的孩童还对自己的私处特别注意保护。

所以,当看到孩子的手伸进裤子里时,不妨移开视线,也不要批评孩子的举动。

在公共场合时，提醒孩子不可伸手探索私处

如果孩子在外面忘了父母的警告，又不自觉地把手伸进裤子里时，父母要轻声地提醒他，并抓住他的手按住一会儿，使他分心，同时称赞他："你现在已经长大了，要保护自己的隐私，你可以等我们回家后再做。"

有些孩子因忍尿而用手压阴部，例如，在玩游戏中途一时尿急，却又不想中断游戏去上厕所时，便会用手压住阴部，试图忍住尿意。如果父母察觉孩子压住阴部似乎与大小便有关，并看到孩子的手在阴部游移时，就要问他是不是要上厕所。

孩子过度沉溺于阴部碰触时，要找出原因

有少数幼童会在醒着的大部分时间里，频繁地用手指碰触自己的阴部，就像其他会干扰到孩子每日作息的安抚性习惯一样。这种行为可能导因于恐惧或焦虑，也许与生活中其他的压力有关。例如，弟弟或妹妹的诞生、搬新家、开始上托儿所、父母开始上班等。如果孩子过度沉溺于阴部的碰触，就应该请教医生。

如果孩子对别人的阴茎有高度的兴趣，或者非常喜欢与玩伴互玩阴茎，父母就应该让医生知道这种情形。有时候，这种对阴茎有高度兴趣的行为是性虐待的征兆。

03

倘若孩子追问"我是怎么来的",父母不要敷衍回应

> 自从儿子知道,不久将会有另一个宝宝来到我们家里,他就开始对"宝宝是怎么来的"这个问题充满好奇与兴趣。他经常问我们这个问题,但是到现在我们都还没有正式地回答他,因为真的不知道该如何回答。

不论孩子多么年幼,都要让他明白"繁殖"这件事

现今专家们都同意,不论孩子的年纪有多小,他都需要知道有关"繁殖"这个问题的实际答案。如果他已经大到懂得提出问题,他就有能力接受直接的答案。当然,这个答案必须是他们的年龄所能理解的。

只是如今,生命繁殖的方式已经比以往变得复杂许多,也更难向好奇的孩子解释。现在的社会，生儿育女已不再局限于一个男人和一个女人才行得通，也可以是一个女人加上一个精子捐赠者；而且，现在的生产方式也不再一定得经由阴道，越来越多的宝宝是从妈妈的小腹生出来的。

日益复杂的生命繁衍形式，已经超越幼童的知识范围，只能等到孩子大到有能力消化，并成熟到可以理解时再告诉他们。因此，当孩子询问"宝宝是怎么来的"或"我是怎么来的"时，还是以传统的繁衍过程，引导孩子对于生命来源的认识，也就是说，告诉他有关繁衍的基础观念，而不要涉入个人生育孩子的特殊情况。例如，解释"大多数的小孩都是从妈妈的产道生出来的"，就可满足一个剖腹生出的幼童有关生产过程的问题，而不必以开膛剖腹的细节惊吓他。

给孩子上一堂生理构造的正名课

在解释"宝宝是怎么生出来"时，不要用过度修饰的说法来形容身体的部位，那会让孩子日后无法正确认知生理构造。直接使用阴茎、阴道、子宫、卵子、精子等名词，再搭配各个生殖器官的图片。最好也给孩子看一些母亲怀他时的相片，然后是他刚出生或婴儿时期的相片，这有助于孩子对整个过程多一些了解。

简单且明确的解释，避免冗长、复杂。一个简单而明确的解释已能令孩子满足，孩子无法理解过于冗长、复杂的答案。不要用比喻的方式向孩子解释，那只会让他越听越困惑，而要直接以父母与小宝宝为主角来解释。

如果你不知如何提供一个满意的答案，可以带孩子到图书馆里找一本婴儿是怎么出生的书籍，然后陪孩子一起阅读。父母要切记，孩子问的并不是"性"，而是"繁殖"，是关于"宝宝是怎么生出来的"的问题，所以不要给方向错误的答案。

不逃避、不敷衍，直接且诚实地回答

当孩子问你"宝宝是怎么来的"或"我是怎么来的"时，你必须抱持不逃避、不忽视也不敷衍的态度应对。不要对他说："等你长大，你自然就会知道。""等你长大后，我再告诉你。""去问你妈妈（爸爸）。"这样的解释只会令孩子觉得生小宝宝是一件可耻的事，或是他的好奇心很可耻。

如果你对讨论这个话题感到困窘、开不了口，也不用担心，因为很多父母都和你一样。尽量不要让孩子感受到你的焦虑，但如果他已经察觉也没有关系，就把你的焦虑和事实一起传达给孩子，不要只传达焦虑。

对于所有与新生宝宝有关的生理机能，幼童都会感到好奇。如果父母对这项问题总是闪闪躲躲，反而会使幼童更好奇。其实，直接且正确的讯息便可以满足他的好奇心。因此，不必为了闪躲问题，而以"你是垃圾筒里捡回来的""你是石头里蹦出来的"这种传统说辞回应孩子，那只会让他更困惑，而且等他日后知道事实时，对父母的信任可能会产生动摇。

只解释生物学的部分,无须多给不必要的答案

只解释过程中生物学的部分,避开性的部分。如果孩子问要怎么把精子植入妈妈体内,则只需告诉他是"经由阴道",这样就已经足够了。如果孩子还是坚持要知道详细的做法,那么就告诉他:"爸爸经由他的阴茎把精子放到妈妈的阴道中,精子遇到卵子,小宝宝就开始生长。"

只回答孩子所问的问题,别给出问题以外的答案。如果他问小宝宝在哪里,就告诉他在"子宫"里,那是一个小婴儿成长的特殊地方,千万别跟他说在"肚子"里,因为他会把它和吃东西联系在一起。

对孩子解释,小婴儿在子宫里一天天长大,妈妈的肚子就会越变越大,同时让孩子看适合幼童看的书,胚胎在子宫内成长的图片。如果他问宝宝要怎么生出来,就告诉他:"是从妈妈的阴道生出来的。"如果他问宝宝要怎么放进子宫里,就回答他:"妈妈和爸爸很相爱,所以想生一个宝宝。于是,爸爸把他的精子放入妈妈的体内。精子和一个小小卵子结合,称为受精卵,它会在妈妈的肚子内长成一个小婴儿。"

孩子真正好奇的是,小宝宝在妈妈肚子里的活动。其实,大多数的幼童对这个解释过程没有太大的兴趣,他们比较想知道的是,小宝宝在肚子里面都在做什么?怎么吃东西?怎么呼吸?对此,父母只要简单地解释,小宝宝经由连接肚脐的脐带获得必要的一切即可。

孩子撞见父母在做爱，父母不要情急地对他吼叫

> 有天夜里，儿子睡到一半醒来后，便走进我们的房间，当时我们正在做爱。我们一开始没注意到他，也不知道他在那里站了多久，我们猜想他一定是看到我们在做什么，这会不会对他造成伤害？

不论孩子的年纪多小，都不适合看到父母做爱

有些发乎自然的情感可以在孩子面前表现出来，但并不是全部。夫妻间的适度亲热有助于提升孩子的安全感，但过度热情、隐私的行为，却不适合在孩子面前上演，它们不但无法帮助孩子在情感上正常发展，还会让他受到惊吓。

事实上，让孩子看到父母之间的亲密情感，就等于是以具体的方式教导孩子什么是"爱"。例如，父母经常公开且自在地搂抱、牵手、亲吻，在沙发上相依，自然且毫不犹豫地说"我爱你"等，这些亲密动作都可以增加孩子的安全感，同时也为孩子设下重要的典范，让他日后在两性关系上有健康的方向可依循。

尽管如此，有些行为仍要非常小心，绝不可在孩童面前失去控制。例如，亲密举动演变成火热的亲热行为，小小的亲吻变成热吻，相依偎变成了爱抚，这些举动都会令年幼的孩子感到困惑甚至受到惊吓，尤其，任何年纪的小孩都不适合看到父母做爱。任何你觉得公开表达会令你不自在的亲密举动，都不适合出现在孩子面前。

向孩子解释"做爱"时，不要超出其理解范围

孩子在深夜里撞见父母正在做爱，可能不会对他造成伤害，因为他可能不知道父母在做什么，甚至可能因为太困，睡眼惺忪而未注意到任何事情。

如果孩子的表情看起来似乎被这个景象惊吓到，那很可能是因为他以为你们是在伤害彼此而心生恐惧。对一个幼童来说，他并不知道你们之间发生了什么事，但做爱的姿势在他看来却像是攻击行为，而做爱时所发出的声音，在他听起来也许是痛苦的而不是快乐的。

所以，为了避免让孩子撞见，父母在做爱时最好锁上房门，如果房门没有锁，不妨考虑装一个。不过，大多数的幼童很快就会忘记这些意外，尤其在他还很小的时候。但是，如果日后孩子想了解

"做爱"这件事时，就要在其能理解的范围内，回答他任何问题。

要安抚受惊吓的孩子，不要因一时情急而对他吼叫

如果孩子被父母看似伤害彼此的动作吓到，并询问父母是不是在打架时，父母要向他保证你们不是在打架，你们并没有伤害彼此，而是用父母间特别的方式在拥抱、亲吻及爱对方。除非他问得更详细，否则不要解释得太复杂。

当你发现孩子不知何时进入你们的房间，并撞见你们在做爱时，不要因为一时情急或尴尬，而对他大声吼叫或赶他出去，应该向他道歉，并解释，他突然出现在你们房间，使你们感到惊讶，并且有一点惊吓。

冷静地告诉孩子，你们需要隐私

如果有一天，你们的热情使你们忘了关上房门或锁门，而不巧又被孩子撞见了你们做爱时，你要保持冷静地告诉他，你们需要一点隐私，请他先在外面等一会儿，然后赶快穿上衣服，平静地带他回他的房间，不要让他觉得焦虑、尴尬或愧疚。他没做错什么事，当然，你们也没有。